JN035564

ヤバい
バックエンド
セールス

この方法で人は買わずにはいられなくなる！

望月 高清

はじめに

「いったいなぜなんだ！　商品やサービスはとても良いのに、全然売れない・・・」
そんな相談が私のところに毎日のようにＳＮＳやメールを通じて届きます。多くの人は商品が良いものなら勝手に売れていく。そう信じて疑いません。しかしそれは大きな勘違いです。

「ライバル商品よりも俺の方が良いはずなのに、なぜアイツの方が売れるんだ!?」
答えはライバルのほうが売り方を知っているから。ただそれだけです。

ハッキリ言いますが、例え商品がクズでも売り方を知っていれば売れてしまいます。残念なことに、特にネットでは商品の良し悪しは売れ行きにはほとんど無関係なのです。なぜこのような事を断言できるかと言うと、セールスとは技術でありその通り実践するだけで売れてしまうスキルだからです。事実、私はこのセールステクニックを駆使して今までに20億円以上商品を売ってきました。社員たった数名しかいない小さな会社でです。最近では海外に住みながらたった一人で数億円の売上を出しています。売るのは技術なのです。

特筆すべきは、それらセールステクニック毎回が全く同じやり方だということです。つまりこの売り方を知っていれば極端な話、誰でもどんな商品でも売れてしまうということになります。それほど再現性の高い手法です。本書を読み進めていただければ、その手法が余すことなく解説されています。だから最初に約束してください。このテクニックを決して悪用しないと。

本書に書かれているテクニックは全て机上の空論ではなく私の15年間に及ぶ販売活動の中で試行錯誤の末培ってきた、売るためのノウハウの集大成であり、掲載されている具体的なデータも全て事実に基づいています。さらに売上を最大化させることに特化した、バックエンド戦略などかなりエグい売り方も記載しています。エグい売り方と言ってもクレームになったり炎上したりするような売り方ではありませんのでご安心ください。お客様に感謝されながら、あなたの商品やサービスを文字通り鬼のように売りまくる手法を、余すとこなく網羅しました。ぜひこのセールステクニックを使い、あなたの素晴らしい商品やサービスを一人でも多くの困っているお客様に届けてください。そしてみんなが幸せになれる、私の作り上げた売る技術があなたやあなたのお客様の幸せへの一助になれば私も嬉しいです。

本書の手順通りに実践すれば本当に効果がありますので、何度も言いますがくれぐれも悪用しないでくださいね。

２０２１年11月吉日

望月 高清

CONTENTS

なぜバックエンドを作るのか

満足度の高いバックエンド商品の作り方

売れるセールスレターの書き方

セールスレターをデザインする

CHAPTER 05

無料オファーで見込み客を集めよう

CHAPTER 06

買わずにはいられないセールステクニック

バックエンド商品の成約率・顧客満足度を高めよう

コラボ企画

書籍編集者が教える 出版は企画が9割
山田稔 著

ヤバい バックエンドセールス
望月高清 著

あなたのビジネスに役立つ 3つの特典映像をプレゼント 合計2時間50分

特典1 特別セミナー映像（80分）

出版ブランディングでビジネスを加速させよう

講師：山田稔

- 出版できる企画書の書き方
- 専門家でなくても出版する方法
- 出版社が求めているネタとは　ほか多数

特典2 特別セミナー映像（50分）

リモートビジネスでもう一つの収入を確保しよう

講師：望月高清

- リモートビジネスの売り上げを最大化させる
- 抑えておくべき商品作成のポイント
- セールスからカスタマーまでを自動化する方法　ほか多数

特典3 山田稔×望月高清　特別対談映像（40分）

個人がブランディングをして売上を作るために必要なスキルとは

プレゼントは右のQRコードを
読み取って下さい。

直接ブラウザに入力する場合は
下記のURLをご入力ください。

https://hitoriouchi.com/toku2/

特典映像は著作権法で保護された著作物です。許可なく配布・転載を禁止します。
特典は予告なく終了する場合があります。お早めにお申し込み下さい。

CHAPTER

1

なぜ バックエンドを 作るのか

バックエンド商品とは

バックエンド商品とフロントエンド商品の違い

バックエンド商品は、後ろ（バック）の商品という通り、文字通り顧客に提供する本命の商品・サービスです。バックエンドと省略していうこともあります。売り上げ全体の半分以上をこのバックエンド商品が占めるというような位置づけで覚えておいてください。全体の売り上げを左右する自分のメインの商品やサービスのことです。

一方で、バックエンド商品の前にくるモノのことを、フロントエンド商品といいます。つまり、バックエンドより安かったり無料だったりする商品です。見込み客に向けた商品サービスという位置づけになります。いきなり高いバックエンドを買うのには敷居が高く抵抗があり、まずは検討したいという人に対してお試しでやってみようというものです。人のニーズを発掘し、新規の集客を兼ねている商品になります。例としては、スーパーの特売品、無料体験などです。

フロントエンドが試供品、お試し価格という敷居の低い商品に対してバックエンドは本命、正規の商品の価格なので高額です。フロントとバックという形で商品構成を2個作ることが、売り上げアップに一番効果があります。

フロントエンドは集客のための商品、売り上げは考えず集客をメインにした商品です。売り上げはバックエンド商品で立てていく。そういった捉え方になります。

バックエンド商品のメリットデメリット

バックエンド商品のもつメリットは、大きな売り上げです。お客様に使ってもらい十分に満足していただければ、その多くはリピーター顧客、いわばお得意様になってもらえます。次の商品もどんどん売れていくようになれるのです。なのでビジネスを展開していく上でバックエンド商品は非常に重要な位置づけとなり、後にも先にもバックエンド商品の出来高によって、その後の売り上げが違ってきます。

一方でバックエンド商品は高額な商品ですから、そう簡単に買ってもらえないのがデメリットです。販売者である自分とお客様の間に信頼関係（Ｌｏｙａｌｔｙ）が既にあり、このロイヤルティが高まっていないとバックエンド商品はなかなか売れません。

なのでフロントエンド商品で先にオファーをして、そこからバックエンドにつなげていく。その過程で信頼関係をつくり、ロイヤルティを高めていく対策が必要になります。

バックエンド商品の種類

バックエンド商品の種類には、大きく分けて３つあります。ＰＤＦコンテンツ、動画コンテンツ、オンラインコンサルティングです。

①ＰＤＦコンテンツ

ＰＤＦを制作し、ダウンロードしてもらう形式です。いわゆる電子書籍のようなネット教材のことで、ＰＤＦを配布してそれをテキストとして読んでもらうのが一般的。例としては、ノウハウ系、専門分野の解説、レシピなどです。

②動画コンテンツ

動画を制作して閲覧してもらう形式です。今は、この動画コンテンツが主流になりつつあります。ハウツー物、習い事、野球、テニスなどのスポーツを習得するもの、英会話など、動画で伝えたほうがテキストよりも理解しやすい分野に関しては、動画コンテンツがオススメです。

なお、ＰＤＦと動画コンテンツをセットにしたバックエンド商品もよくあります。

③オンラインコンサルティングサービス

ＺＯＯＭを活用したリモート形式のコンサルティングです。感染症禍でやむなくテレワークやリモートワークが推奨されてきて、世の中でもだいぶ浸透しています。本来であれば、お客様と対面で行なっていたコンサルティングを、ＺＯＯＭで行うことで顧客の拡大が全国規模で可能になりました。時間と旅費をかけて現地まで出向くことも少なくなり、全国どこでもインターネット上でコンサルティングサービスを提供することができます。

バックエンド商品を売る仕組み

これらのバックエンド商品を売る仕組みは、３ステップです。

まず最初のステップでフロントエンド商品を使って見込み客を集めます。次のステップで、その見込み客との間にあなたとの信頼関係を築きます。自分はどんな人物なのか、また提供しているバックエンド商品がどういう内容で、どんな効果を見込めるのか、といった情報を提供することで、ロイヤルティを高めることが可能です。最後のステップで、ようやくバックエンド商品をセールスする適切なタイミングを迎えます。

ここまでが、バックエンド商品を売る仕組みの流れになります。この3ステップはとても重要なことなので覚えておいてください。いきなりバックエンド商品を紹介しても、買ってはもらえません。「あなたは誰?」「なぜこの商品を私が買わなければならないの?」と思われてしまうので、順番立てていきます。

バックエンド商品を売る3ステップ

STEP 1 フロントエンド商品で見込み客を集める

▼

STEP 2 見込み客とのロイヤルティを高める

▼

STEP 3 適切なタイミングでバックエンド商品をセールスする

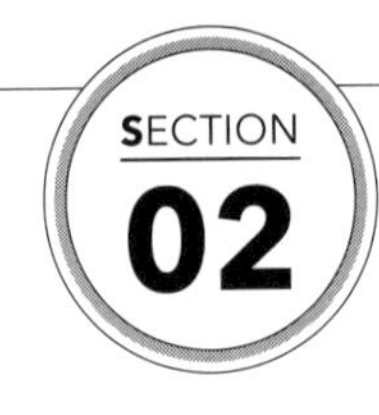

顧客単価をあげよう

売上アップは顧客単価をあげること

顧客単価とは、1人のお客様が1度に払ってくれる金額のことです。顧客単価をあげていくことがビジネスの売り上げアップの鉄則になります。

売り上げアップ=顧客単価を上げること

売り上げを上げるには、お客様をたくさん集めることも大事ですが、より自分のことを理解してくれる人を集めることの方が大事です。要はいろいろな人にリーチして集客するよりも、自分のファンになっていただけたり、自分の商品を理解して好きになってくれるような信頼関係の強いお客様を集めるほうが、売り上げはアップします。

薄利多売の戦略でいく大手の企業もありますが、それはそれなりのシェアが取れている企業です。市場のシェアを獲得できているからこそ、低単価でもたくさんの人に売れるので、売り上げをアップさせることができる。そういう企業は、集客力がとんでもなく強いわけです。

しかし大きな企業ではそのようなことができたとしても、私たちのような個人でビジネスをしているような者には、集客をどんなに頑張っても限界があります。それならば、安売りして大勢の集客をはかることに時間を割くよりも、既に自分のことを理解してくれてファンになっているお客様をいかに育てていくかに力を入れたほうが、継続した売り上げにつなげられるのです。

ビジネスを始めたばかりの人は「最初だから安くします」「お試し価格で設定します」などというように、バックエンド商品の価格を安く設定してしまいがちです。しかし、自分の労働力を安売りしてしまうのはいいことではありません。

顧客取得単価CPAと顧客生涯価値LTVを理解しよう

ここからは顧客単価についてです。顧客単価には2種類あります。CPA（顧客取得単価）とLTV（顧客生涯価値）です。

CPA（顧客取得単価）とは、新規顧客を獲得するためにいくら必要だったのか、を示す値です。例えば、広告を1000円かけて顧客情報（見込み客リスト）が5件取れたとなると、CPAは1リスト当たり200円になります。その5件のうち、バックエンド商品を1人買うとCPAは1000円です。つまり1000円お金をかけると1人がバックエンド商品を買ってくれるという計算になります。

次は、LTV（顧客生涯価値）についてです。LTVとは、顧客が生涯のうちに自分の商品やサービスに支払う金額の合計になります。当然ですが、このLTVが高くなるほど、新規の集客をする必要がなくなりますので利益率は向上します。

本書で伝えるバックエンド戦略というのは、バックエンドを複数用意して展開していくものです。バックエンドをひとつだけ販売するだけではなく、その先で販売する他のバックエンド商品も継続して購入してもらったり、申し込んでもらったりするというのがＬＴＶを高める戦略です。

ＣＰＡの計算方法と目安

ＣＰＡ（顧客取得単価）の計算式は次の通りです。

ＣＰＡ（顧客取得単価）＝広告費用÷成約数

ＣＰＡ（顧客取得単価）は、広告費用を成約数で割って計算します。

例えば広告費用に10万円かけて、その結果成約数が１００人だとするとＣＰＡは１０００円です。バックエンド商品を１０００円以下で販売した場合は、当然赤字になります。もしその商品が1万円だったとしたら、90万円の儲けが出ます。成約数が２００人だったらＣＰＡは５００円と成約人数が増えれば下がっていくし、その逆もあり得るということです。これを目安にしていただけたらと思います。

ただし、ＣＰＡはシビアに計算してください。この数字がどんぶり勘定になると、売れていても利益が出ない、利益率が大きくならないという感覚に陥ります。通常、ＳＮＳ広告や検索広告・アド広告をだして測定するのがＣＰＡですが、広告でも出さない限り、意識して私たちがＣＰＡを計算することはまずありません。それでもあえて自分でＣＰＡを計算して理解しておくと、売り上げから商品の価格を決めるのにも、その先のビジネスでよい舵とりができるようにもなります。

ＣＰＡの目安は、ジャンルにもよりますが「赤字にならないかどうか」です。例えばバックエンド商品で1万円の広告費を使って1人に売れて1万円の売り上げが出たときはトントンです。要するに赤字ではないということになります。

ＣＰＡは低ければ低いほど、利益率は上がっていきます。いきなりＣＰＡが３００円や４００円になるというのはまずあり得ません。実際に1万円のバックエンド商品を売るとしたら、広告費は３０００〜４０００円と一般的には考えます。それでも利益率は50％ですごいことです。ＣＰＡは、何度も繰り返し販売を続けてみて検証しながら、低くなるように調整していきます。

商品価格は、ＣＰＡと諸経費、さらに利益を載せたものと考えてください。

商品価格＝利益＋諸経費＋ＣＰＡ

ここまで広告費用にお金かけることを前提に話を進めてきましたが、広告宣伝はお金をかけなくてもできます。後ほど解説しますが、ＳＮＳを使ったり、自分で媒体を作ったり。これはほぼ0円です。自分の労働対価のみであればＣＰＡは当然下がります。

それに本書ではバックエンド戦略をとって売り上げをアップしていきますので、顧客リストを手に入れることも可能です。そこから複数用意したバックエンド商品でさらに売り上げにつなげられます。

LTVの計算方法と目安

ＬＴＶ（顧客生涯価値）の計算式は次の通りです。

ＬＴＶ（顧客生涯価値）＝バックエンド商品の価格×購入回数

ＬＴＶは「×購入回数」というのがポイントです。１回売って終わりではなく、自分との信頼関係を作っていくことを大切にして、将来的にはこの先に提供していくバックエンド商品も続けて２個３個４個と買ってもらってＬＴＶを高めます。なので、バックエンド商品は複数あった方がいいし、作っていけばいい。最初は誰もが１つからですが、２個３個とどんどん作っていって、それを自動化して販売していきます。ＬＴＶは高ければ高いほど売上は上がります。

一般的にはＬＴＶは利益率を考慮しますが、ここでは利益を考える必要はありません。なぜなら、バックエンド商品を複数用意するからです。

見込み客を安く集めることで利益率が高くなる

ビジネスではＣＰＡを最小化、ＬＴＶを最大化させることが大事。広告を使うときはできるだけ、ＣＰＡを低くしていきましょう。宣伝広告の文言や使用する画像を細かく分析。どこのどういうジャンルの人に広告を出すのかというターゲティングを検討・検証しながら、ＣＰＡを低くしていくというのが通常の流れになります。

成約率をあげてＣＰＡを低くするコツは３つです。

①誰に見せるのか（ターゲット属性）
②文章・画像などの広告の内容（クリエイティブ）
③広告画像や文章をクリックした人が訪れるＬＰ（ランディングページ）の出来栄え

この３つで三位一体です。どれかにズレが生じていてもＣＰＡを下げることはできません。

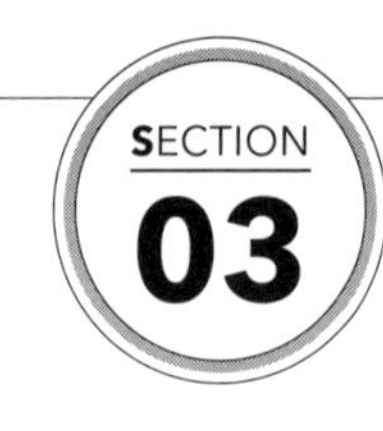

仕組み化しよう（自動販売機モデル）

フロントエンド商品とバックエンド戦略で販売を仕組み化する流れ

フロントエンド商品とバックエンド戦略で販売を仕組み化するためには、まずはフロントエンド商品での無料オファーをおこなうことからです。プレゼント、試供品、お試し価格で５００円などの提案もありますが、今回のバックエンド戦略では、無料でオファーするフロントエンド商品を用意します。

無料オファーで集まった見込みのお客様には、ステップメールを送ります。情報提供や自分とのロイヤルティを高めていく教育ステップをメールで自動化。適切なタイミングで、バックエンド商品のセールスもメールでおこなってＬＰ（ランディングページ）に誘導です。

購入してくれたお客様には、カスタマーフォローを強化し、満足度を高めます。満足度が高まっていると、次の商品をセールスしても買っていただける場合が多くあります。

ここまでを自動化で繰り返して続け、またさらに他の無料オファーを提供して、その後ステップメールを出し、2つ目のバックエンド商品のセールスへ、といった流れです。

この仕組みで一周ですが、これをひとつのバックエンド商品ごとに、いくつも持つことによって、販売の仕組みを連鎖できます。

販売を仕組み化する流れ

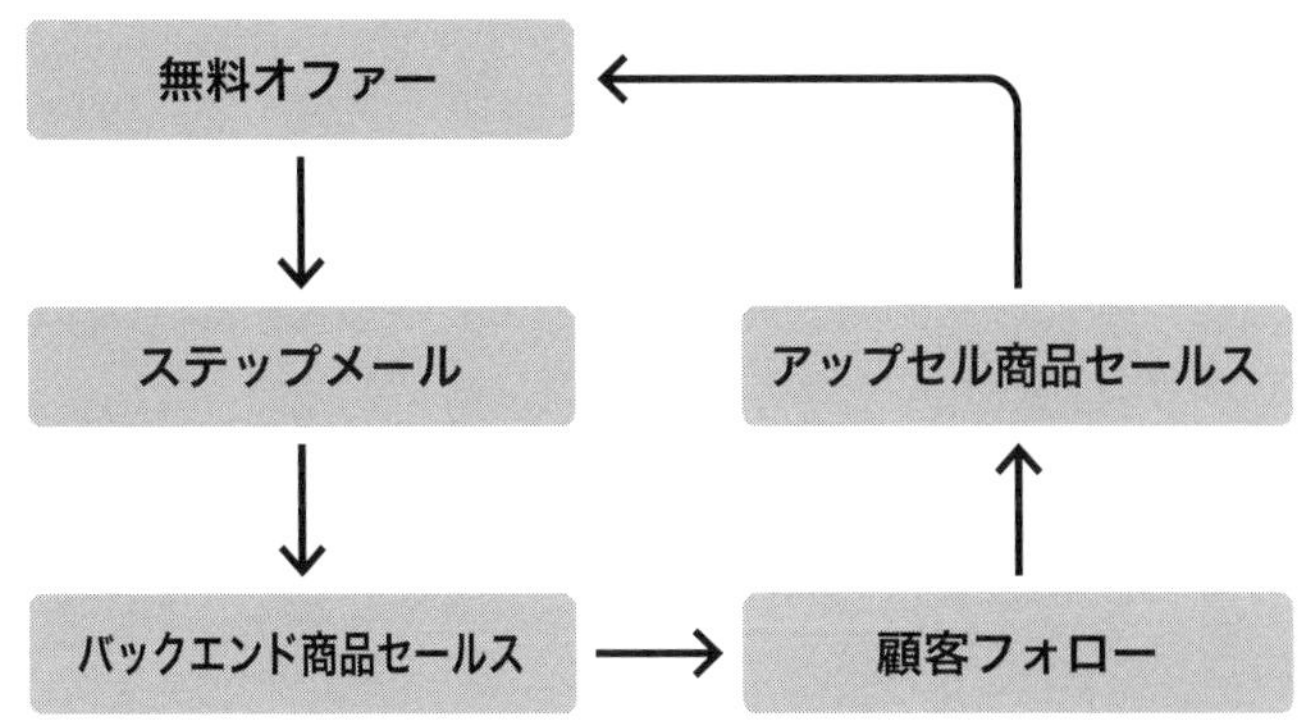

販売の自動化に必要なもの

販売の自動化には、それぞれの段階においてパーツがあります。

①無料オファー

フロントエンド商品を無料プレゼントします。オファーとは提案という意味です。無料だったら欲しいな、とか、無料だったら登録しようかな、と思っていただける人たちが見込み客になります。

②ステップメール（ステップ配信）

あらかじめ決められた原稿が、登録した人に自動で配信されるシステムです。

通常、LINE、メールというのは、その都度で送るものですが、この配信機能は、いつ登録しても1通目から順番に設定した本数が決められた期間に届きます。都度の配信と違い、決められた原稿が1通目から順番に配信されるので、全ての読者に届き、情報量にばらつきがないのが良いところです。

③顧客フォロー

購入したお客様をフォローするテキストもステップメールもしくはＬＩＮＥ公式アカウントのステップ配信（以下、ステップ配信）にしておきます。購入したお客様のフォローテキストは、質問や悩みを聞き出すこと、安心感を与えることを中心に内容を考えましょう。それによって次の商品の成約率が上がっていきます。このように、ステップメールやステップ配信を使えば、ある程度、仕組み化することが可能です。

④アップセル商品

アップセル商品というのは、購入してくれたお客様に対してセールスするもので、より高額、高性能、ハイクオリティーの商品のことです。例えば、ＡｐｐｌｅのｉＰａｄを購入した人に対してＭａｃｂｏｏｋを勧める、というように、よりいいものを提案していくことがアップセルです。

バックエンド商品の内容をさらに充実させた上位バージョンや、より効率化できるツール、そういったものが、一般的な売れ筋となっています。

●●●コンバージョンレート（CVR）を理解しよう

CVR（コンバージョンレート）とは、簡単にいうと成約率のことです。CVRを把握できると、売り上げの予測が立ちます。売り上げの予測を立てることはビジネスの上で大切ですので、これは必ず計測してください。購入した人数を販売ページのアクセス人数で割れば出てきます。

CVRの計算式です。

CVR＝販売ページのアクセス数÷購入者数

つまり、セールスレターに100人アクセスして10人買った場合、成約率（CVR）は10％です。

ただし、広告の場合はもうすこし複雑になります。例えば広告で100人誘導して、セールスレターに30人来てもらえて、そこから3人に売れたということになると、1

00人から3人成約なのでCVRレートは3％になります。ということは、3％で売れるのだから、「このくらい広告費使えるね」、と予算が立てられます。

広告を出している場合は決済完了ページにタグを埋め込むことでCVRの計測は可能です。広告費は既にお伝えしたCPAとCVRを参考に検討します。

顧客属性ごとにシナリオを分岐させる

顧客の属性ごとにシナリオは分岐させることが大事です。シナリオとは、ステップメールやステップ配信のテキストです。5通で1セット、7通で1セット、10通で1セットなど、何日分配信するのかなどは、自分で決められます。その期間で購入属性や顧客属性ごとによってシナリオを分けて配信します。

見込み客と既存顧客を差別化する

見込み客と既存顧客は差別化をします。既存顧客は購入したお客様、見込み客はバックエンド商品を購入していないお客様ですから、情報提供をしていく順番は、既存顧客を優先して見込み客はその後です。

購入してくれた人は贔屓（ひいき）します。高額なバックエンド商品を買ってくれたお客様なのですから、誰よりも早く情報を伝えて、自分との信頼関係をより強くしてロイヤルティを高めていきましょう。

さらにこの既存顧客に対しては、次の商品の案内時に通常価格よりもディスカウントしてオファーをします。購入率が飛躍的に上がるので、このことは必ず覚えておいてください。誰だって特別扱いは嬉しいものですし、それを意図的にやってあげると喜んでもらえます。

顧客属性ごとにシナリオを分岐させる

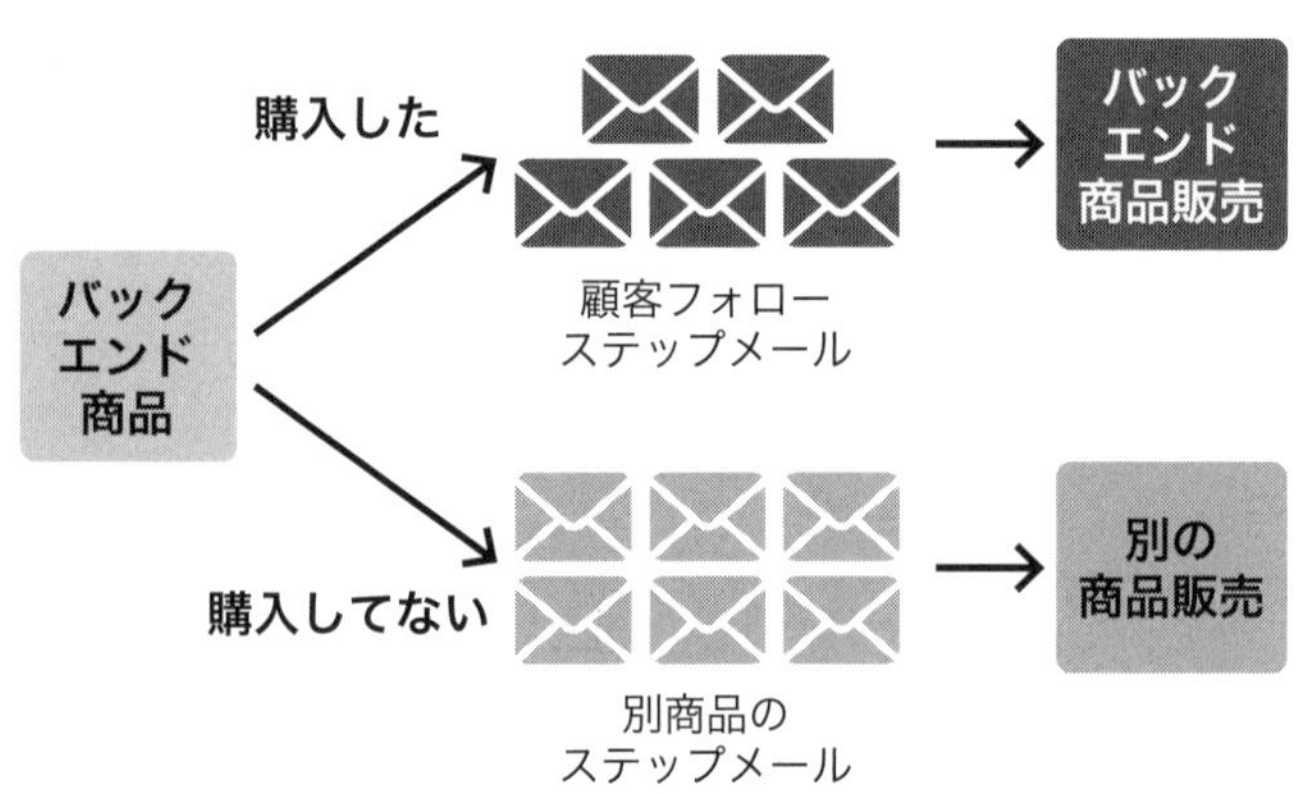

売り上げを最大化させよう

複数のバックエンドを用意する

もうすでにお分かりかと思いますが、このバックエンド戦略で売り上げを最大化するためにまず取り組むのは、バックエンド商品を複数用意することです。

集客以降、セールスの売り上げを立てるまでのステップメールでは、バックエンド商品を1つだけ案内していくことになりますが、用意しておくバックエンド商品はひとつでなくてもいいのです。お客様のニーズに合っていれば、さらなるバックエンド商品をどんどんつくり既存顧客に提案していってください。

基本戦略は、1つバックエンド商品を作ったら、次々と複数作って販売し、売り上げを最大化していきます。

その際の注意点ですが、バックエンド商品の内容やサービスに出し惜しみのないようにしてください。1つのバックエンド商品に満足してもらえたからこそ、次のバックエンド商品も購入いただけるのが常です。

複数のバックエンド商品をつくる意味

顧客満足度の高い商品を買ってもらえるほどに、お客様との信頼関係はより深く強いものになっていきます。まだ実際にバックエンド商品を販売したことのない人は「本当かな」と思うかもしれませんが、是非これは早めに体験して欲しいです。

お客様に満足してもらえるバックエンド商品作りは、「この商品は売れるから」とか「売れ筋だから」でしていてはダメ。「これだけのものを盛り込めばお客様は満足してくれる」とか「これ以上のものは他にはない」そういった視点でお客様の満足度を高めていく意識を持ちます。

複数のバックエンド商品作りは、売り上げアップの意味もありますが、それよりも顧客満足度を高めLTV（生涯顧客価値）を向上させる意味であることを絶対に忘れないでください。

アップセルとダウンセル

アップセルは売り込みではなく提案です。バックエンド商品からアップセルをするというと「さらに押し売りするのか」「また売り込むのか・・・」などと思う人もいるのですが、それは違います。

アップセルは「買いたい人が買えばいい」というスタンスなので、必要以上に売り込む必要はありません。ただアップセル商品だけは今から作り、その時のために用意しておきましょう。

一方でダウンセルというのは、バックエンド商品よりも価格が安い商品やサービスの提案になります。バックエンド商品は買いたいけれど、高額で買えない人向けです。

例えば、廉価版や機能を制限したバージョン、他社の類似商品を紹介してアフィリエイト報酬を得るような形式で売り上げることもできます。

ファイナルバックエンド商品を用意する

ファイナルバックエンドも用意して欲しい商品です。これはアップセルと非常に意味は近いのですが、提供する商品のなかで最も高額のものを指します。ファイナルバックエンドは、あなたの価値が試される商品です。

ファイナルバックエンドには、提供する人との関係性が深くなるようなパーソナルコンサルティングのような商品が適しています。価格帯は100万円以上と相当な価格のするものもザラ。普通のお客様は買いません。よほど目的意識がある人、自分とつながることによって価値を見出してくれる人が購入してくれます。ファンであれば、人間関係を作れるまたとないチャンスなので、どうしても欲しくなるのが人の心理です。

そういった想いで購入してくださるお客様ですから、人間関係ができて仲良くなれて、ある程度お金が払える境遇だということから想像すると、それなりの仕事をしている人である可能性もあります。つまるところ、ビジネスパートナーに発展する可能性もありますので、ファイナルバックエンドは、是非用意して欲しいと思います。

CHAPTER 2

満足度の高いバックエンド商品の作り方

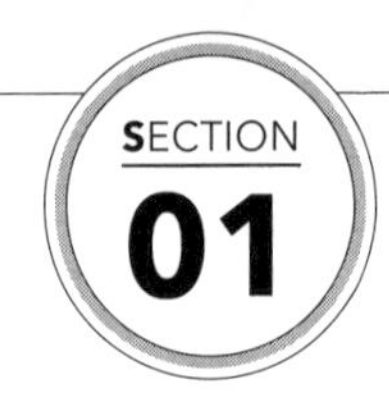

満足度の高い商品とは何か

お客様が本当に求めているものを理解する

お客様の満足度を高めていくバックエンド商品を作ろうと思うのであれば、自己満足や独りよがりのまま、完結しないようにしてください。

よくあるのが、自分ではよくできた商品だと思っていても、相手に伝わっていなかったり、お客様が満足できるものではなかったり、というケースです。そういった商品のなかには、内容がかなりマニアックになってしまっているものや、専門的な話に偏りすぎている、難解な言葉ばかりが並ぶ、などもあります。

バックエンド商品は、基本的に再現性が高いものであることが前提ですから、再現できるマニュアルやノウハウが少なく知識ばかり詰め込まれたものであると、お客様には購入したメリットが感じられません。

アンケートを実施してニーズをつかむ

満足度の高いバックエンドを作るには、お客様のニーズをつかむことが大切です。そのために今すぐにできることとして、アンケートの実施をお勧めします。まずはアンケートで事前のリサーチをしていきましょう。見込みのお客様やＳＮＳで繋がりのある人を対象にアンケートを実施してください。

商品やサービスを作る時には、競合を調べたりサイトを参考にしたりするとは思うのですが、アンケートでお客様のリアルな悩みを聞かせてもらうと、その内容をそのままコンテンツにもできますし、自分に求められていることもわかります。

また、アンケートに回答をしてくれた人は既に見込み客です。バックエンド商品が完成し、いよいよセールスする時になったら「アンケートを踏まえてこんな商品ができました」と伝えればダイレクトに響きます。

せっかくバックエンド商品をつくるのですから、独りよがりにならず、お客様が本当に求めているものを理解してから取り掛かることにしていきましょう。

再現性と満足度は必ずしも一致しない

バックエンド商品は再現性が高いことが大切ですが「再現性を追求しすぎると満足度が落ちる」という話もよく言われます。「商品満足度」と「商品実現度」では評価されるポイントが違うからです。要は、中級者にとってありがたい情報は、初級者や初心者にとってはチンプンカンプン。再現性を追求するあまり専門的になったゆえに起こりうる事象です。

再現性と満足度を共存させるには、専門的な分野については基本的なノウハウを出し、中級者からみたら当たり前のことでも初心者や初級者から見て「なるほど」と思えるようなものも盛り込んでおきます。

再現できるものを作っても、全員が全員、満足はできません。みんながみんな上手くいくようなノウハウはあり得ないので、ある程度の属性は絞る必要があります。なかには実践しない人、できない人もいるので、そういう人たちも満足できるようなわかりやすさもほどよくいれておきましょう。

商品の再現性とお客様の満足度は、必ずしも一致しません。ここはすごく大事なところなので覚えておいてください。

再現性よりも満足度を優先する

売り上げをベースに考える時には、満足度を高くすることが優先です。再現性にはこだわりません。要は再現性がたとえ確保できなかったとしても、お客様の満足度が高ければ商品としては成り立つということ。お客様の満足度が高いわけだから、それで結果オーライです。

お客様の満足度を上げるコツは、バックエンド商品の内容の濃さとボリュームです。特にボリュームは大事。「こんなにたくさんのページ数がある」「こんなに長い動画の尺がある」「こんなに長い時間を使ってコンサルをやってくれる」など、そういったボリューム次第でもお客様の満足度は上がります。

あとは、お客様サポートの手厚さでも満足度は上がります。カスタマーサポートについて詳しくは後述しますが、言ってしまうと、商品の内容が薄くてもサポートが手厚ければ満足度は高くなる、ということです。

また、テキストなら読みやすさ、見やすさも大切。文字は適切な大きさで、図を入れて見やすくする、パッと見たときに思わず手に取りたくなるような表紙、難しい専門用語をわかりやすく解説する、などの工夫もしてください。満足度を上げるには、こういったことも重要な要素になってきます。

オンラインサロンはバックエンド商品にならない理由

最近流行っているオンラインサロンですが、これはバックエンド商品には適していません。価格設定が低いのが理由です。世の中の人気オンラインサロンも数百円から数千円と低価格設定になっていて、仮に月額1000円なら1000人集めても月10万円の売り上げ。一般人の私たちが、その集客に手間と時間とお金をかけて売り上げにつなげるには限界があります。

オンランサロンの特徴は月額課金、いわゆるサブスクリプションモデルです。バックエンド商品にするというよりも、その後ろに控えているクロスセルやダウンセル商品、もしくはフロントエンド商品として見込み客に提案するという形で紐づけます。

個人でビジネスを展開する場合は、少人数でもいいので、まずは自分のファンになってもらい、しかるべきタイミングで適切な価格のバックエンド商品をセールスするのが道筋です。

オンラインサロンをバックエンド商品にできるのは、インフルエンサーや芸能人などの有名人だけ。ある程度、影響力がついてからであれば可能ですが、今の段階でのオンラインサロンのバックエンド商品化は到底無理です。

話は少しそれますがバックエンドには特典もつけます。特典については「第6章　買わずにはいられないセールステクニック」で触れますが、無料オンラインサロンは、バックエンドの特典として使うのもいいと思います。

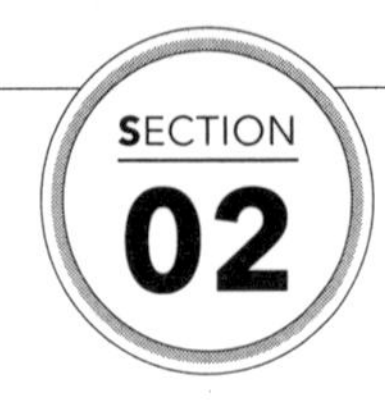

満足するＰＤＦの作り方

ＰＤＦファイルはどうやって作るのか

ここからは、バックエンド商品になるＰＤＦ、動画、オンラインコンサルティングのそれぞれの形式ごとにその作り方を伝えていきます。まずはＰＤＦの作り方です。

先ほども少し触れましたが、ＰＤＦ形式のファイルは、昔と違って今はとても簡単に作れます。今はどのデバイスでもＰＤＦの対応はされていて、ＷｏｒｄやＧｏｏｇｌｅドキュメントを使って制作し、単純に「ＰＤＦ形式で保存」を選んでもらえれば作成は完了です。以前のようにＰＤＦ専用の作成ツールなどを使わなくても無料のソフトで作れるようになりました。

特にＧｏｏｇｌｅドキュメントの場合は、オンラインでできますので、ソフトやアプリを購入する手間がありません。Ｇｏｏｇｌｅドキュメントでテキストを作成して「ダウンロード」、そして「ＰＤＦドキュメント」をプルダウンで選び保存。すると、ダウンロードのためのリンクが生成されます。その生成されたリンクＵＲＬを購入者の自動返信メールに記載するだけです。

補足ですが、ＷｏｒｄやＥｘｃｅｌ、パワーポイントも、ＧｏｏｇｌｅドキュメントやＧｏｏｇｌｅスプレッドシート、Ｇｏｏｇｌｅスライド、というようなツールで全て代用できます。どこにいてもデバイスを選ばずに使えますので非常に便利です。

文章の書き方

ＰＤＦは文字がベースのテキスト資料です。読んでもらうためには、文章の書き方がとても重要になってきます。

難しい言葉は使わない、読みやすい文章書くこと、この２つは顧客満足度を上げるためには大前提です。学術書や評論文ではないので、とにかく読み手にわかりやすく、独りよがりの文章にならないように心がけて書いていきましょう。

「伝える」と「伝わる」という意味は全然違います。こちらから伝えているつもりでも、相手に伝わっていなければ、伝えたことになりません。「伝える」よりも「伝わる」ことの方が重要です。

・語尾は「ですます調」で

語尾は「です」「ます」で書いてください。ただし、わかりやすいからといって、馴れ馴れしい表現にはならないように注意します。上から目線だ、と勘違いされてしまうケースがあるからです。基本的に「ですます調」で書いていきましょう。

難しい表現や敬語も極力使いません。敬語はただでさえ回りくどいので、理解度が下がってしまいます。そう言った意味でも「です」「ます」と淡々と書くのが適切です。

・ボリュームはたっぷりと

たまに見かけるのが「１００ページのテキスト」と言いつつも、行間や文字のサイズが大きすぎて、スカスカな印象のＰＤＦです。ボリュームに欠けると読んだ時に満足度は下がってしまいます。確かに見た目のボリュームは大切です。しかし、ダウンロードした人の多くは、印刷して読むので紙代もインク代もかかります。中身も遜色ないボリュームで作っていきましょう。

・見出しや段落を作り、読みやすい構成に

一般的には本は縦書きですが、ＰＤＦは横書きです。構成は書籍と同様に考えます。見やすい文字の配列や大きさ、フォントを選び、話題ごとに段落で区切ります。重要なセンテンスはマーカーで色をつけるなど工夫もしていきましょう。ただし、やりすぎて読み手の目がチカチカしてしまわないように。とにもかくにも読みやすくすることを前提に作っていきましょう。

・読みやすい書体で

書体は、読みやすさを第一に考え、基本的にゴシック体か明朝体にします。いろいろな書体で作れますので変わった書体にも憧れますが、そこはテーマや見出しぐらいにしておきましょう。本文は読みやすくポピュラーなゴシック体か明朝体がいいと思っています。

画像やイラストについて

難解な文章が図解されてあると、読み手の理解度がより深まります。ただしイメージ画像の入れすぎは注意。印刷する時にインク代もかかることから不評ですし、ページ稼ぎにも思われてしまいがちです。本当に必要なイラストや写真を、適度な大きさと分量で入れ、無駄は省きましょう。「わかりやすいな」と思ってもらえれば満足度が上がり、次の商品の購入率に影響します。

なお、画像を使うときは著作権にも注意してください。著作権については後で詳しく説明します。

ボリュームについて

PDF教材のボリュームはあればあるだけ満足度は上がります。PDFのページ数の目安ですが、ざっくりいうと1万円以上で売るのであれば100ページ以上は用意してください。場合によっては、70ページでも80ページでもお客様が満足できる内容であれば、それでもかまいません。

しかし私の経験から言うと、１００ページ以上あるほうがお客様の反応は好感触です。とはいえ、先ほども言ったように文字がスカスカだったり、無駄に大きな画像が入っていたりするものでは無意味です。かといって、ぎっちり文字を詰めればいいのか、というものでもないので、結論としては「ボリューム」と「読みやすさ」の両方を大切にして作成します。

フォントサイズはだいたい10ポイント前後がいいと思います。想定している読者層が20代30代の若者向けであれば文字はある程度小さめ、高齢者向けだったら文字はある程度大きめにします。このように、購入者の背景も考慮して、読みやすさを考えてください。

ＰＤＦ教材の配布方法

次は、ＰＤＦ教材の配布方法です。どうやって購入者に届けるのか、という話ですが、申し込みページからお客様に購入いただき、決済が終わってすぐに自動返信メールが届くというところまでをすべて自動化できるシステムを利用します。その自動返信メールにＰＤＦがダウンロードできるＵＲＬを添付します。

このＰＤＦのダウンロードＵＲＬはどうやって作るのかですが、ここではＧｏｏｇｌｅドキュメントでテキストをつくることを想定して具体的に説明します。

まずはＧｏｏｇｌｅドキュメントでテキストを作ります。次にＧｏｏｇｌｅドライブを開き、テキストを編集していたＧｏｏｇｌｅドキュメントを候補の中から見つけ選びます。すると、右上に「鎖のマーク（リンクで共有）」がありますのでそれをクリックします。

鎖のマークをクリックすると、「リンクを取得」のポップアップが出てきます。「制限付き」と「リンクを知っている人全員」が選べます。ここで「リンクを知っている人全員」を選択します。

ここまでできたらリンク（ＵＲＬ）をコピーして、自動返信メールにリンクを入れ、購入者に自動送信されるように設定します。

補足ですが、ＰＤＦファイルをメールに添付できるメール配信スタンドもありますが、お勧めはしていません。ＰＤＦファイルの容量が大きいと、送信時にエラーになるケースが頻回にあるからです。

Googleドライブの「リンクを取得」

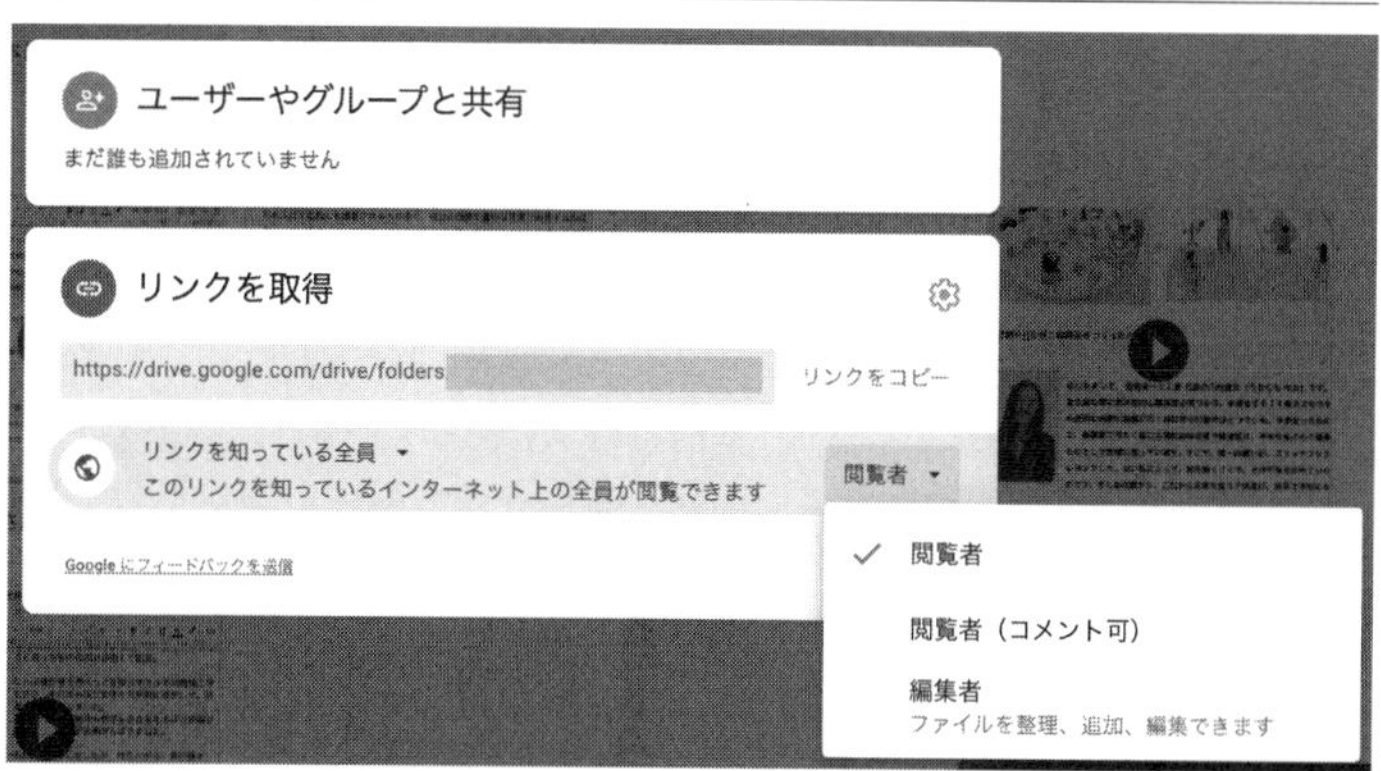

満足する動画コンテンツの作り方

動画コンテンツはどうやってつくるのか

スマートフォンのカメラ機能やＺＯＯＭを活用すると、動画もずいぶん簡単に制作できるようになりました。ＺＯＯＭではパソコンの資料を共有しながら録画もできて、バックエンド商品としてもいいクオリティのものが作れます。

動画コンテンツには、いろいろなパターンがあります。資料を映像で出しながら解説する動画はＺＯＯＭで、実際に動きで見せるピアノのレッスンや、野球の構え、ゴルフのスウィングなどは、現場に手軽に持ち込めるスマートフォンの撮影がキレイです。

もちろん撮影専用のカメラを用意してもいいのですが、まずはとにかく身近にあるものではじめてみましょう。いきなり本格的な撮影や編集にチャレンジしようとすると時間もコストもかかり、ハードルが上がってしまいます。YouTubeに公開するわけではありませんし、この段階で動画の撮影や編集は凝らなくても十分です。内容がキッチリわかることを第一に考えます。

動画で話す内容は、事前に決めておきましょう。資料があるときはそれにそって説明すればいいのですが、そうでない場合は、事前にレジュメを作っておいて、それにならって話を進めていきます。

資料の作り方

資料を作る際に私が使っているツールは「Googleスライド」です。いわゆるパワーポイントやmacのKeynoteのようにプレゼンテーション用の資料をつくるソフトで、Googleが無料で提供しています。Googleアカウントがあれば誰でも使えて、PDF形式で出力もできます。テンプレートも豊富。アニメーションにも対応していますし、WindowsでもmacでもT両方使えるので、デバイス選びにも困りません。Googleスライド付帯の「スピーカーノート機能」には、カンペや忘れそうな内容をメモできますので便利です。

資料はシンプルに、作る際には要点のみを記載します。ポイントを追いながら、動画で詳細な部分を解説していく流れです。

動画での話し方

・通常の1.3倍の声の大きさで

次に、動画での話し方です。

声の大きさは、通常の1.3倍程度で話すような意識をもってください。日常会話の声の大きさの2倍を大声で叫んだときとする

Googleスライド付帯の「スピーカーノート機能」

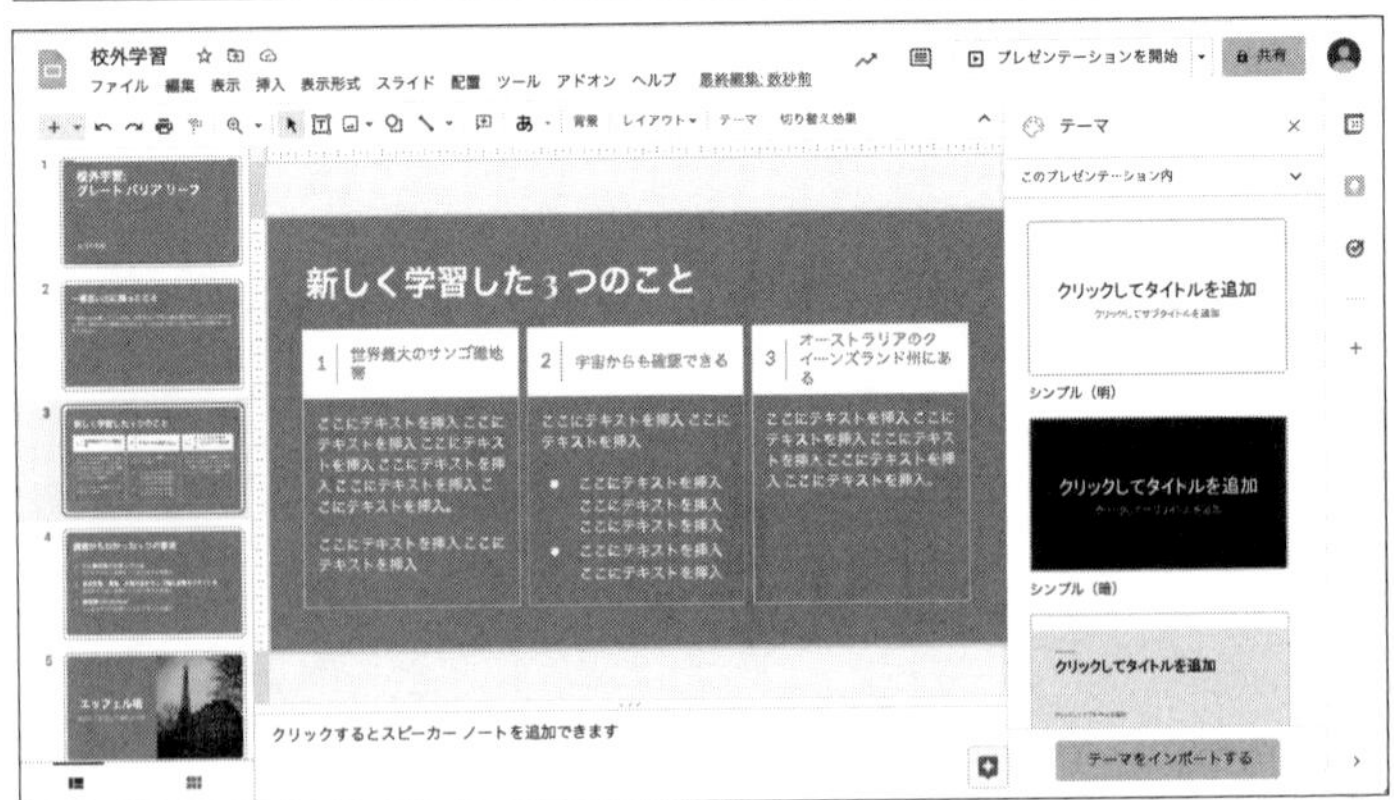

と、1.3倍はすこし声を張り上げる程度です。経験上、1.5倍だと大きすぎるような気がします。自分では大きな声で話しているつもりでも、ひとり語りでは声が小さくなるものですし、他人が聞いていると意外にも大きくは聞こえていません。

・しかめっ面はしない

動画の場合は見た目の印象が重要です。撮影する際は、笑顔を心がけ、しかめっ面はやめましょう。

ZOOMでは画質調整も簡単にできます。暗い映像は印象が悪いので、画質や映像をうまく調節して、明るい映像で撮影してください。

・あいまいな表現はしない

語尾は「です」「ます」でハッキリと言い切りましょう。PDF、オンラインコンサルティングも同様に「〜と思います」「〜らしいです」「〜みたいです」というような曖昧な表現はしません。教わる人が迷ってしまいます。

・カメラ目線も意識して

資料を見ながら解説する場合は、資料ばかりに目が行きがちです。ホワイトボードを見ながらしゃべるときも、たまにはカメラの方向を見るようにして話しを続けます。

●●●編集のやり方（サムネ・テロップ・BGM）

バックエンド商品の動画制作では、大掛かりな編集作業は不要です。先ほどから繰り返していますが、コンテンツの内容を購入してくれたお客様にきちんと伝えることを最優先にします。私がZOOMで動画をつくる場合も、編集はほとんどしていません。あらかじめ話すことを決めてあるので、編集は必要ないのです。

編集をすると時間もかかります。きれいに残そう、という意識も働きます。しかし、実は予定になかった話にこそ、受け取る側にとってはメリットのある実体験やこぼれ話が紛れ込んでいることも多く、そこをカットしてしまうのはある意味もったいないです。

動画編集はしないことを前提にします。順序だった資料やレジュメ、メモ書きを準備し、撮影をスムーズに進めて行きましょう。

サムネイル画像はできるだけ作ってください。動画の表紙にあたる画像のことで、自分でも簡単に作れます。PowerPointで作った文字を動画の一部を切り取った画像やその動画に関する写真に載せ、その画面をキャプチャーすれば完成です。イラストレーターやフォトショップなどの本格的な画像編集ソフトがなくてもできるので、是非チャレンジしてください。

動画コンテンツの配布方法

動画コンテンツの配布は、VimeoやYouTubeを活用します。Vimeoは一部無料で使えますが、たくさん動画をアップロードする場合は有料です。YouTubeは無料で使えます。限定公開にしてリンクを知っている人にだけ閲覧できるようにするスタイルでの配布が可能です。但し、YouTubeは動画を有料コンテンツとして販売できないので、注意してください。

ＰＤＦファイルにして、Ｇｏｏｇｌｅドライブのリンク共有での配布もできます。Ｇｏｏｇｌｅドキュメントにアップロードした動画ファイルとＰＤＦ資料を一連のカリキュラム資料にしてＧｏｏｇｌｅドライブに保存。その共有リンクを使って配布を行います。

動画コンテンツ作成の注意点

・スマホカメラでは横で撮影

スマホカメラでの撮影は、縦向きではなく必ず横向きで。パソコンで視聴したり、スマホでも回転させて横向きにして視聴する人が多いので、撮影は横向きで行います。

・三脚で固定し、部屋は明るく

三脚で固定すると、手ブレがありません。部屋は明るく。必要であれば照明も数千円で買って備えます。

・服装にも気を配る

動画に出演して解説するときには、その販売商品に見合った講師としての服装で撮影します。例えば、ホワイトボードを背に話をする講師業であれば、シャツにネクタイ、もしくはスーツがよいでしょう。スポーツ系でコーチとしての撮影であれば、テニスウェアやゴルフウェアです。このように服装はブランディングの一環にもなります。

・撮影時間は30分で一区切り

動画の収容時間が長くなってしまう場合は、30分前後で一旦区切ると教材として適切です。私の場合は、10分や15分くらいの動画を何本も撮り、ボリューム感を出しています。

普段からYouTubeなどの動画を視聴している人はわかると思いますが、10分以上の動画はあまり再生されません。人間の集中力から考えても、ノウハウ系やレクチャー動画は長くても30分前後で1本と考えます。

・映り込みにも注意

動画の途中で、写真の映り込みや音源の入り込みにも注意してください。テレビの画像やアニメキャラクター、タレント、ポスターなどの著作物が、予想もしないところで映り込むことがあります。

また、説明中に、他の書籍の内容や資料、データを引用したり参考にしたりする場合には、引用元を明かしてください。「ここから抜粋しています」「ここから引用しました」というような表記です。法律の問題に発展してしまうので気をつけるようにします。

動画コンテンツの作り方のまとめです。動画コンテンツの編集技術は凝ってしまうとキリがありません。それよりもノウハウや情報がきちんと伝わり、購入者が満足できることを主眼にして進めてください。手ブレのないこと、映像の明るさ、声の大きさ、そういった基本的なことを抑えてもらえればと思います。

満足するオンラインコンサルのやり方

オンラインコンサルの始め方（事前アンケート配布）

コンサルティングを始める前に、まずはオリエンテーションとして事前にアンケートを実施します。これはバックエンド商品を作る時と同様の考え方で、そのお客様のニーズを引き出し、相手を知るためのものです。アンケートの内容を受けて、最初からコンサルティングを有意義に進める準備をしていきます。

アンケートの作成は、Ｇｏｏｇｌｅフォームで行います。作成したらそのＵＲＬをメールに添付し購入者へ送ってください。内容はクライアントの抱えている悩みや目標、過去を遡って自身を振り返ることができるようなものにします。

私がコンサルティングをするときは「ブレインダンプ」を行なっています。過去の出来ごとを書き出してもらって自分を俯瞰するのですが、その内容は「中学・高校の部活動」「最初の会社に就職した理由」「好きなことやハマったこと」などです。その人の特徴、得意な分野、苦手なこと、自分の性格も質問して書いてもらっています。

仕事のジャンルにもよりますし、コンサルティングする内容にもよりますが、過去のことや目標を書いてもらうと、その人の人生の背景が見えてくるのです。アンケートの結果をもとにすると、最初から具体的なニーズにも応えられるコンサルティングが可能になります。

オンラインコンサルの最適な時間

テレビでドラマを見ていて「あと、もうちょっとでいいところなのに」と、次の放送回が楽しみで仕方がなくなる、そんな経験をしたことはないでしょうか。

同様にコンサルティングに要する時間もクライアントの側からすると少し物足りない、と感じる程度が適切だと考えています。

大体の目安は40分程度。長くても1時間くらいです。ＺＯＯＭなどのオンラインコンサルティングであればなおさらのこと。対面の1時間はあっという間でも、オンラインの場合はこちらの熱量も伝わりづらいですし、相手の反応もなかなか感じ取れないので、飽きてくるケースもあるからです。

最初のコンサル時にはまず流れを説明し、コンサルティングには「心構え」を持って臨んでもらうことを約束します。「心構え」とはコンサルティングを受ける側の姿勢です。「ここでコンサルした内容は素直に受け取って実践ください」「知っていることも知っていると思わずにもう一度、一から吸収するようにしてください」など、最速で成果につながる姿勢を伝えます。

コンサル中の決め事や自分で記入してもらう議事録の件もここで話してください。「コンサルティングを受けて実践した内容はレポートで報告をお願いします」「何かあった時には必ず相談してください」など、返金の規定、保証など、詳細な注意事項もあわせて最初に話します。第1回目のコンサルティングでこの流れを説明しておかないと、後々トラブルになってしまうこともあるので、必ずやっておきましょう。

コンサルティングに要する時間の補足ですが、時間きっちりで終わらせず5〜10分延長すると、クライアントの満足度が高まります。自分が思っていた時間よりも少し長くやってくれたら自分が同じ立場であれば嬉しい気持ちになりませんか。

ただ毎回やりすぎると、その人にも次の予定がある場合に「効率悪い」と感じさせてしまう結果にもなりかねません。そこは注意は必要です。

オンラインコンサルはやった後が大切（事後アンケート配布）

オンラインコンサルティングは終了後のフォローが大切です。コンサルでクライアントがその場では満足して理解してくれたとしても、次回までに宿題があるとなれば、いろいろな課題が出てくると思います。なので、コンサルティング後にアンケートを実施し、クライアントの理解度を把握してください。

事後アンケートでは、理解度を5段階評価にしてもらい、コンサルティングで感じた疑問や相談事、気になること、その場では聞けなかったことなども書いてもらいます。今後の目標や受けた感想・意気込みなどは、書いてもらえるとそこだけを切り取ってバックエンドのセールスレターにも使うことが可能です。

オンラインコンサルの注意点（議事録はお客様が作成）

・クライアントに7割はしゃべってもらう

オンラインコンサルティングでは、こちらが話しすぎないように注意します。教えるのがコンサルティングであることは確かですが、相手に7割、こちらはアドバイスと回答で3割ぐらいのボリュームが適切です。こちらばかりがしゃべりすぎると、中にはコンサルティング自体に満足しない人もでてきます。世の中、自分の悩みを吐き出すことで満足に繋がる人が多いのも事実です。そういう意味でもクライアントが7割、こちらが3割で、聞き手に回ることを意識してください。

クライアントの悩みを1聞いたら10の答えを返すことがお客様満足度につながると思っている人もいますが、それは間違いです。実際には相手をしゃべらせた方が満足度が高くなります。

・コンサルの議事録はお客様自身が書く

宿題は必ず出してください。次回までの宿題と、その日受けたコンサルティングの内容を議事録にして提出してもらいます。ＬＩＮＥでもチャットワークでもいいですし、箇条書きのような簡単なものでかまいません。「やることや習ったこと、気づいたことをメモして送ってください」とフィードバックを必ずもらうようします。

次回の日程は、コンサルのなかで決めるようにしてください。「あとでまたＬＩＮＥでやりとりしましょう」となると、どんどん予定がずれ込んでしまうので、その場で必ず決めるようにしていきましょう。

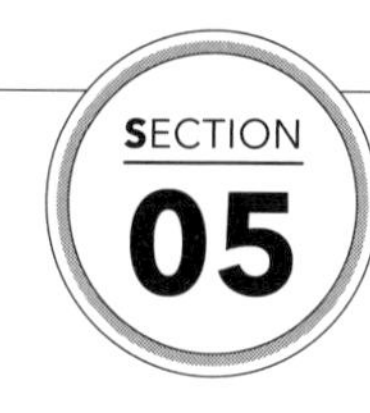

バックエンド商品の価格設定について

最も売れるバックエンド価格帯とは

バックエンド商品の価格は、どのように決めていけばいいのでしょうか。その答えは、オファーの強さです。「オファーの強さ」というのは、売れるバックエンド商品がどれだけ強烈か、という意味になります。

例えば「3日で5キロ痩せます」というダイエットマニュアルがあるとしたら、それは確かに強烈なオファーです。「たった3日で5キロも?」となれば、値段は相当高くなります。購入したことで得られるメリットの大きさ、再現性の保証の度合いも付加価値です。特に再現性の度合いが高ければ高い商品ほど、値段は高くなります。

ご存知ない人のためにお話ししますが、実はバックエンド商品というのは、平均市場価格帯よりも高く設定した方が売れるのです。たとえば同業他社で同じような商品が1万円で売っていた場合、バックエンド商品は1万5000円、1万8000円…と高い価格のものになるほうが売れていきます。

それはなぜか。バックエンド商品を申し込みしたい人というのは、それだけ悩みが深いからです。達成したい、実現したい、クリアしたい、などの思いが特に強い人たちはその商品を手に入れることさえできれば、思い通りの自分になれる、悩みが解決する、という考えが前提があります。

極端に言ってしまえば、価格はどんなに高くてもいい。その悩みが解決できるのであればお金はいくら払っても構わないと思っています。例えば、5キロ痩せるノウハウ本が3000円と1万5000円で並べて販売されていたら、たくさんお金を払った方が達成できる確率が上がるのではないか、と考えるわけです。ただし、自分のブランディングが上手くいき、見込み客に教育ステップを踏ませる必要はもちろんあります。でもそれができていれば、価格は高くても問題なく売れていきます。

購入者がどうなれるのか

高額なバックエンド商品をつくるときの大切なポイントは、お客様に買った後の未来を想像してもらえるかどうかです。購入したらどうなれるのか。ここが価格の決め手になっています。

先ほどの「3日で5キロのダイエット」は少し過激な気もしますが、ひと月で10キロ痩せるノウハウならどうでしょうか。もしも10キロ痩せたら自分はどうなれるのかを考えてもらうのです。気に入ってもサイズがなくて買うのを諦めていた服も、痩せてサイズに合うようになれば買って着れますし、その服を着てあちこち出かけている社交的な自分も想像できるようになれます。そうした未来をイメージできると、人は価格に関係なくお金を払うわけです。

なので、バックエンドは未来をイメージできるものを作り、叶える未来と価格を一致させます。その未来をつかめるのであれば、100万円、200万円と払う人も現れるかもしれません。バックエンドの価格はこのように決めていきます。

提供物ごとの適正価格

次は具体的に、バックエンド商品の適正価格についてです。商品価格は、提供できる個数でも変化しますので、ここでの話は参考までにしていただけたらと思います。

ＰＤＦファイルは、Ａ4サイズ１００ページでだいたい1〜3万円くらいです。１万円に消費税を入れて1万１０００円、もしくは末尾を「９８００円」とした1万９８００円、2万９８００円などで設定したものも多くあります。この価格でＬＩＮＥによる個別サポートを付けたら、お客様の満足度はかなり高くなるはずです。

動画の場合は、ノウハウの種類やジャンルにもよりますが、だいたい2〜5万円になります。なかには1万円でやっている人もいますが、個別サポートをつけたり、解説動画をＥラーニングで常時どこにいても見られる内容であれば、大体このくらいの価格帯が売れ筋です。金融投資のジャンルで株式投資やトレードのノウハウ動画の場合、5万円以上するものもあります。

コンサルティングの場合は、月1回のZOOMコンサルを半年間で想定した場合、5万円から30万円くらいと幅広い価格帯です。5万円で月に1度で半年間ならば1回あたり8300円ほど。ここにコンサルティング後のLINE個別サポートを付けたら、購入を検討している人には響きます。LINEのサポートは実際にはあまり手間がかからないのですが、お客様にとっては大きな安心材料です。

PDFと動画の2つを合わせて販売する場合は、3〜10万円ぐらいが売れ筋。PDF・解説動画・月1コンサルティングもすべてやるパッケージ商品であれば10〜50万円、それ以上のものも見かけます。

バックエンドの価値は自分との距離感

バックエンド商品の価値は、あなたとお客様の距離感によって変わります。関係性が密接になるほど価格は高額です。

例えばですが、連絡手段の密接度具合で考えてみましょう。メールよりもLINE

でのサポートの方が密接度は高く、LINEよりもチャットワークの方がより個別性が感じられます。もっと言えば、チャットワークよりも電話で話せる方が完全なプライベート感がでるので、さらに価格は上がっていくと考えてもいいのです。

参加人数も同様で、少なければ少ないほどあなたとお客様の距離は近くなりますので、当然、その商品の価値は上がっていきます。

CHAPTER 3

売れる セールスレターの 書き方

セールスレターとはなにか

セールスレターの意味

セールスレターは単なる売り込みのページと思う人もいるかもしれませんが、その認識は違います。

あなたが実際に何か物を買うときのことを思いだしてみてください。もし今、目の前にある商品を買おうとするとき、気持ちにはどんな動きが起きているでしょうか。恐らくですが「これってどうやって使うのだろう」「使ってみてちゃんと効果はでるのかしら」「買ってもいいけど、値段…高すぎないかな」というような悩みや疑問が次々と襲ってきているはずです。

セールスレターは商品を購入するにあたって湧き上がる疑問や不安、悩みなどを全部解決できるページになります。売り込みのページではありません。

セールスレターのすごいところは、コピーライティングを駆使して人を惹きつけられると、元々興味が無かった人も買いたい気持ちにさせることができる。これが通常の販売ページとは違うところです。

Ａｍａｚｏｎや楽天のサイトを見るとわかりますが、通常の販売ページには、商品があってその商品の画像と概要が載っています。これは、欲しい人に対して露出しているページです。このようなショッピングページというのは、はじめから欲しい人が検索をしてたどり着く商品であることが前提なので、「欲しかったのはこれだ」とすぐに購入を決められます。

しかし、欲しくない人にも欲しくさせるのがセールスレターです。お客様に潜在しているニーズまでも発掘できる販売ページをセールスレターといいます。

セールスレターとは文字通り、売るための手紙です。お客様のすべての悩みや疑問を解決させ、潜在ニーズを引き出すミラクルなページということを覚えておいてください。

セールスレターの役割

セールスレターには、お客様に決断をさせる役割があります。決断させる、という意味は2通りで、購入する決断と、購入しない決断です。要は、購入して申し込みボタンへ、もしくは購入しないで離脱する、そのどちらかの選択をさせるという意味になります。

なぜ、セールスレターは長い1枚のページになっているかというと、そのどちらを選ぶかをお客様に考えてもらい選択してもらうためです。ほかの選択肢は用意せずに、その1枚のページで商品やサービスのメリットとデメリットをあますことなく伝えて、お客様自身で決断するのがセールスレターの果たす役割です。

セールスレターはラブレター

「セールスレターはラブレター」とは、日頃から私がよく言っていることですが、セールスレターは手紙です。不特定多数に向けた内容ではなくて、たった一人のために送る手紙だと思って書いてください。

ラブレターを書いたことがある人はわかると思いますが、ラブレターは基本的に片思いの人に向けて、自分の気持ちを伝える手紙です。その人のことをこちらがどれだけ好きなのかを伝え「交際してほしい」「付き合ってほしい」という意思を伝えます。

私の場合はさらにそこに「自分はこういう人間です」と自分という人物について詳細に伝えながら、自分と付き合うとこんなに楽しいことがある、こんな良いこともある、こんな嫌なこともあるかもしれない、と自分という人間を選んでもらうための情報を余すことなく提供しています。

相手のことを思い、相手の立場を思って書いていくのがセールスレターです。

セールスレターの構成要素

なぜセールスレターが売れるのか

ここからはセールスレターの構成要素についてです。セールスレターは長い1枚のウェブページですが、そこに盛り込むものとしていろいろな構成要素があります。

そもそもなぜセールスレターでの商品販売がよく売れるのかというと、1枚の長い手紙なので、見込みのお客様が一気に読み込むことができるからです。

ウェブページが集約されたものをウェブサイトといいますが、通常のウェブサイトには様々なメニュー項目が複数載せられています。その項目のなかから読み手の意思で選んでクリックして、読みたいページに飛ぶのが通常のスタイル。しかし、セールスレターは、1枚の縦長のウェブページですから、そこにたどり着くと購入か離脱かの二択です。あとは巧みなキャッチコピーによって次の項目を読みたくなるような流れを作ります。

この「読みたくなる流れ」というのは、次々と読み手に生じる疑問や問題について解決していく文章の流れです。私たちは何かひとつの疑問が解決すると、また新たな疑問がでてきます。例えば、ダイエット商材のキャッチコピーに「10キロ痩せます」と書いてあると「どうしてそんなに痩せられるのか」と不思議に思います。それが解決されると、次はそのダイエット方法で「体調は崩れないのか」「何日間で痩せられるのか」と疑問がさらに深くなっていきます。

セールスレター上でこのように、次々と生まれてくる読み手の悩みや疑問に答えていき、その全てが解消した段階ではじめてお客様に購入してもらえます。

これには要素がいくつかあります。この要素を順番通りに並べていくことがお客様を購入に導くカギです。私もこれまでセールスレターを何百枚も書いてきました。その過程で「売れる黄金パターン」のようなものを確立していますので、それを順に説明していきます。

売れる黄金パターン

- キャッチコピー
- エビデンス
- スリップイン
- 自己紹介
- なぜこの商品を作ったのか
- 商品の詳細説明
- 対象者を絞る
- 価格とその正当性
- 申込ボタン
- 購入者の感想
- よくある質問
- 追伸

キャッチコピー

セールスレターの構成要素として最初に持ってくるのはキャッチコピーです。まずはこのキャッチコピーで相手の意識を3秒間、セールスレターに惹きつけます。

インターネットビジネスしかり、ウェブサイトでの販売しかり、そしてこのセールスレターもしかり、大切なことはすべて共通です。人間は3秒間でそのページを見る価値があるものなのか、どうなのかを判断しています。逆に言えば、3秒間意識をとどめてもらえれば、あとはこちらのものです。そのまま次をスクロールして最後まで読んでいくという流れに入ってもらえます。セールスレターの冒頭にキャッチコピーをつける意味はここです。

ここがクリアできないと、見込みのお客様は最初から離脱します。つまりページ滞在率を高めるために、冒頭のキャッチコピーに興味をひく言葉を入れて興味をもってもらうということなので、極論すれば商品とは全く関係ない話でも、つじつまが合えばそれで構わないということになります。

キャッチコピーには「え?」「本当に?」「マジで?」のように感情に揺さぶりをか

けられるような言葉を並べます。人は感情が動くと次の言葉が気になるものなのです。揺さぶられた感情を元に戻そうとする心理作用がはたらきます。だから必然的に次も読まざるを得なくなる。高ぶった感情を抑えるために、その場から離脱できなくなるという心理効果を利用していきます。

感情に揺さぶりをかける言葉はギャップがポイントです。最大から最小、プラスからマイナスなど振り幅を設けてギャップを生みだします。「デブからマッチョに」「ブサイクが美女に」などが良い例です。反転する言葉を一緒に用いてギャップを生み出し、意外性を感じさせます。数字を使っても効果的です。「たった1週間で6キロ痩せます」となれば気になる人も多いと思います。

エビデンス

キャッチコピーでセールスレターに3秒間意識をとどめてもらったあと、その先で読ませるものは何がいいのか。答えは、エビデンスです。いわゆる「証拠」といわれるものです。

例えば、ダイエット商材のセールスレターの冒頭で「1週間で6キロ痩せました」とキャッチコピーが書いてあったらどうでしょうか。ダイエットがうまくいかなくて悩んでいる人なら「え？　どうやって？」と感情が動きます。そこでエビデンスとして実際に痩せた人の声や、減量前と減量後のよくあるビフォーアフターを載せるのです。すると相手は、その商品についての詳細がどんどん気になっていきます。

エビデンスはセールスレターの中では最も重要な部分です。キャッチコピーで3秒間、意識の惹きつけに成功した後、スクロールしてもらってすぐに目に入るのが、この商品を利用した結果や証拠であれば「これはすごいな。どうやってやるんだろう」と思ってもらえます。

スリップイン

スリップインとは、導入の文章です。「これは自分のことだ」「まさに、自分のことを言われている」と思わせるような文章を書きます。

先ほどの例ですが、1週間で6キロ痩せるなんてなかなかあり得ませんが、ここに「1週間で6キロ痩せました」とビフォーアフターの写真がエビデンスとして載っていたらどうでしょうか。きっとびっくりするはずです。

このあとに「いつまで痩せないダイエットを続けるおつもりですか?」「まだそのダイエット方法でやっているのですか?」と「まさに、自分のことだ」と思わせるスリップインを続けます。

「1週間で6キロ痩せる」というのはかなりキャッチーで、ダイエットしている人には響きます。でも実際はそんな1週間で6キロも痩せるダイエットなどうまくいっている人のほうが少ないですから、そこで「自分のことだ」と読み手に思わせるわけです。

「1週間で6キロ減量できた人がいるけれど、私はこのままのダイエット方法で本当に痩せられるんだろうか」となり、一気に自分ごととして捉えてもらえます。不特定多数に向けて書かれているセールスレターの文章が、あたかも自分だけに書かれた手紙のように感じられているからです。

これがセールスレターのスリップインの一番大事なところです。「え?」っと思わせるキャッチコピーから、エビデンスでその証拠を出して内容に興味を持ってもらった後、一気に自分のことのように話題を転換させる。そこから、その先の詳細なコピーライティングを落ち着いてじっくり読んでもらう運びになります。

自己紹介

スリップインで他人事から自分ごとに変換してもらえたら、次にようやく自己紹介です。唐突に「初めまして望月です」と自己紹介をはじめてください。

しかしこの時点では、私の自己紹介なんてお客様にとって基本的にどうでもいい情報でしかありません。なぜなら「1週間で6キロ痩せられたノウハウを早く知りたい」ただそれだけですから。ただ、見込みのお客様の心情としては、既にここまでで自分ごとになっていますから、セールスレターを読んでいてなんの違和感も感じていないはずです。だから、ここで突然自己紹介をしても離脱はされません。

自己紹介では、さらなるエビデンスを重ねます。権威性を持たせて「こんなにすごい人が作ったノウハウなんだ」と思ってもらうために、自己紹介の内容は、最大限に背伸びをして書くようにしてください。嘘はダメですが、上手に盛って見せるのがコツです。謙遜の文化がある日本人にはなかなか難しいのですが、セールスレターにおける自己紹介は売るための文章です。ここは頑張って自分のブランディングをしていきましょう。

なぜこの商品を作ったのか

自己紹介の後は、「なぜこの商品を作ったのか」です。

特に商品開発秘話は、興味を持ってくれた人なら必ず聞きたい話。王道は、挫折から成功のストーリーです。「こんなにダメだった私が、このダイエット商材によってこんなに痩せられてガラッと人生が変わりました」「何をやっても痩せられず、太っているのが最大の悩みでしたが、この方法で痩せられました。そのノウハウをまとめたものです」などの実体験は、商品への興味づけにつながります。自分の経験から、販売している商品に興味づけを変化させていく形です。

作った人のストーリーに共感すると、この商品はいいものだ、間違いないものだ、と思ってもらえます。

商品の詳細説明

商品が生まれたストーリーを伝えると、既にその商品に注目が集まっている段階に入っています。なので、ようやくここで商品の詳細説明をしていきます。商品の説明はかなり具体的に書いてください。

ＰＤＦなら目次やページ数、ファイルの容量、動画なら概要や収録時間、動画の容量、郵送物なら大きさや重量などを明記し、とにかく詳細に書くようにしていきます。目次や概要には、その商材を学んだり視聴したりすることによって得られるメリットを含めて書いておくとさらに効果的です。

対象者を絞る

商品の説明が終わったら、次は対象者を絞ります。極論にはなりますが、対象者を絞れば絞るほどバックエンド商品は売れるようになります。思いっきって対象者は絞ってください。

セールスレターの文面は、基本的には1対1で二人称の関係ですから、読んでくれたすべての人に購入してもらおうとは思わないことです。対象者を絞れば絞るほど、当てはまっていない人が、自分をそこに当てはめようとしてくれます。そんなユニークなことも起こりますので、これはぜひやってください。

対象者は、お客様の悩みで絞っていきます。

書き方は次のとおりです。「この商品は、次のようなお悩みを解決できます」と表記し、続けて解決できる悩みを7つ以上書いてください。

ここまでのダイエット商材の例で言うと、「ダイエットがうまくいかない」「なかなか痩せられない」「決心や意志が弱くダイエットが続かない」などです。そして「これらの悩みを解決できるのがこの商品である」と書きます。

人間は7つ以上のモノが並ぶと「たくさんある」と認識します。しかし、3つや4つだとあっさりと読み切られてしまい、「たくさんある」という認識持ってもらえません。

次に、「このような方は購入しないでください」として商品を購入する必要のない人の例をあげ、対象者を完全に絞ります。ダイエットを継続している人、今すでに他のダイエットを試していて結果が出ている人、痩せている人、などをあげて書いてください。ここだけは三人称で「このような方は」にします。セールスレターは「私」と「あなた」に限定しますが、ここでは対象者を絞るのであえて三人称です。

価格とその正当性

このあたりまでセールスレターを読み進めてもらえると、実際にその商品がいくらなのか、だんだんと商品の価格が気になってきています。生じている様々な疑問や問題点が解決されてきているからです。

ここではじめて価格を提示し、なぜその価格なのかをきちんと説明していきます。既にお伝えしたように、バックエンド商品は基本的に一般的な商品やサービスよりも高い価格で設定しています。高額な理由が納得できなければ、購入には踏み切れません。また、総合的に見てお得感が出せる場合は、競合他社との比較も効果的です。その価格が正当であり、実際にお得であることを説明してください。何と比べて安くお得なのかということを明確にします。

1日当たり、もしくは1ヶ月あたりで換算した金額を提示してあげるとイメージしやすいと思います。サプリメントの販売などでよくある、「1日たったの98円」のような形は「安いな」と感じてもらえるケースです。大きな金額も1日単位で計算するとお得感が伝わります。

申込ボタン

価格の正当性を伝えたら、次は申し込みボタンを設置します。ここで初めて申し込みボタンの登場です。申し込みボタンはできるだけ大きくしてください。大きければ大きいほど良くベタでドカンとしたモノにします。

本書では、私が今までやってきて一番良い方法を説明していますので、是非その通りに作ってみてほしいです。例えばセールスレターのデザインがセンス良く美しいものであったとしても、申し込みボタンはセンスにこだわることなくベタなものを設置してください。かっこいいボタンを作っている人もいますが、残念ながら成約率は確実に落ちます。背景と同系色のボタンもダメです。クリック率が落ちます。背景が青なら赤いボタンにするとか、黒なら白いボタンにするとか。いわゆる補色の関係で対比のある目立つ色にしてください。

ボタンに載せる文言もこれまでいろいろ試してきました。その結果、最も申し込みのクリック率が多いのは、「申し込みはこちらをクリック」です。これは「こちらをクリック」まで書くのがポイントになります。

最近はセールスレターをスマホで表示させるケースも多いです。スマホ画面を想定する場合は、「お申し込みはこちらをタップ」に指のマークを入れます。動きのある揺れているようなボタンも効果的です。

購入者の感想

ここまでセールスレターを読んできて今すぐにでも欲しくなった人は、先ほどのボタンで申し込みになりますが、それでも悩んでいる人は、その先の文章まで読むことになります。そのような人たちのために次に表示させるのが、購入者の感想です。すでに商品やサービスの購入者がいる場合は、利用者の感想をもらってセールスレターに入れてください。7名以上載せるのが理想です。既出の通り、7名以上の感想があると利用者がたくさんいると認識してもらえます。顔写真があればなおいいのですが、このご時世ですし、無理はしなくてもいいです。

商品購入の感想やサービスを利用した感想をもらうときは、感想文だけだとリアリティがありません。性別・年代・職業・都道府県も情報としてもらいましょう。名前は必要ありません。感想に添えて千葉県在住・会社員・40代男性と載せるようにします。感想はできるだけ具体的に書いてもらうようにしてください。

感想を7つ以上並べたあとにも、申し込みボタンを一つ入れておきましょう。一度、申し込みボタンをだした後は、各項目が終わるごとに申し込みボタンを設置し、取りこぼしを防ぎます。

よくある質問

感想を載せたら、次は「よくある質問」です。「よくある質問」では、セールスレター上にまだ出ていない疑問やこちらで想定できるお客様の悩み、迷いを一掃します。ここですべて解決できるようにしてください。これが最後のクロージングになります。

具体的には、購入したあとの手続きについて、キャンセル規定、支払いの流れ、クレジットの分割手数料、商品受け取り方について、などの記載です。購入するにあたっての質問やお悩み、問題点や気になることを丁寧に解きほぐします。

特に詳しく書いてほしいのはサポートに関してです。メールサポートなのかLINEでのサポートなのか、詳細に書きます。返信は何時頃になるのか、についても明記してください。「24時間以内に返信します」「翌営業日以内に返信します」とする人が多いです。購入した後も、お客様が安心できるように書いていきましょう。

また「初心者でもできるのか」という質問と答えも必ず記載してください。初心者の人、初めての人が購入するとなると、購入時に一番不安になるのは「私にもできるだろうか」という悩みです。

高額商品にお金を払うのですから、誰だって騙されたくはありません。購入してもほったらかしにされるんじゃないか、買ったはいいけど何もしてくれないんじゃないかとか、という不安は当然つきまといます。そうした迷いは、サポートの詳細まで明記すれば、解消は可能です。よくある質問ではそういう細かなところまで配慮し、お客様が安心して申し込みできるようにしてください。

追伸

最後に「追伸」を入れます。実は、セールスレターで読まれる確率（精読率）が高いのがこの「追伸」です。

「追伸」は、セールスレターでこれまでいろいろな文言を並べてきたけども、「つまり、こういうことです」と、商品を買ってほしい人へ向けて、自分の熱い想いを伝える場所になります。

「追伸」は背中を押すのが目的です。最後の「追伸」はレターの最後まで読んでくれた人のためのもの。つまり散々悩んで、それでもまだ決断できない人が読む場所です。離脱もできないし購入ボタンも押せない人ですから、ここで何かしら背中を押してあげて、最後は成約率を上げていきます。

背中を押すのにどんなことを書けばいいのかですが、具体的には「行動することが大事」「行動しないと未来は変わらない」と、自身の体験談をもって伝えてあげてください。

SECTION 03

セールスレター作成の注意点

セールスレターは全部で4ページ必要

セールスレターの本文は1枚の長いページですが、その他にも、用意しなくてはならない必要なパーツがあります。

まずは販売ページの「セールスレター」。そして「特定商取引法に基づく表記」、「プライバシーポリシー」。さらに、アップセルやクロスセルなどがある場合はそれらを販売するために「申し込み完了ページ」もつくります。全体をトータルでみると4ページです。

特定商取引法の表記ページの書き方

「特定商取引法」は、商品を有料で販売するときに必要なページです。主に書くべき内容は次のとおりになります。

・販売者情報

販売者の名前です。ハンドルネームではなく本名で書きます。そして所在地、連絡先（メールアドレスと電話番号）です。電話番号を記載したらイタズラ電話がかかってくるのではないかと不安に思う人もいるかもしれませんが、ほとんど掛かってきません。もし自分の電話番号を出すのに抵抗がある場合は、問い合わせ用の携帯電話を用意してその番号を掲載しておきましょう。

・支払い方法

クレジットカード、銀行振り込み、分割手数料などを記載します。

・商品の引き渡し方法

商品の引き渡し方法については、「購入時にメールにて商品をダウンロードURLをお渡しします」もしくは「ご案内します」のように書いてください。商品の返品やキャンセル規定も明記し「ファイルが開けない場合は交換します」などの想定できるアクシデントへの対応も書きます。

販売手数料のある場合はその金額、ない場合は「無し」と書いてください。販売する商品に必要な資格や免許がある場合も記載します。

・商品代金以外にかかる費用

商品代金以外にも別料金でかかる費用です。例えばホームページを作成するにはサーバーを借りるのに別途料金がかかったり、登録料が必要だったりする場合などになります。

特定商取引法の表記は、安心して商品を購入してもらうためのものですので、ここを濁したり不透明にしておくとお客様の不安を掻き立てるだけです。明快に書いておきましょう。

プライバシーポリシーページの書き方

プライバシーポリシーは、主に個人情報の取り扱いについて伝えるページです。購入してくれるお客様からは、住所や電話番号、メールアドレスなどの情報をもらいますが、それをどのように取り扱うのかということを表記するページになります。主に書く内容としては4つです。

・個人情報の取り扱いについて

取得した個人情報をどのように取り扱うのか、を書きます。取得したメールアドレスの利用用途については、「メールを送ることがあります」と表記をしておきましょう。購入後、クロスセルやアップセルのメールを送るのにも必要な事項です。

・個人情報の開示について

「裁判所や警察などから要請があったときには開示することがあります。それ以外には一切使いません」と書きます。

申込み完了ページの書き方

最後に「申し込み完了ページ」です。申し込み完了ページは、最も成約率が高いので、アップセルやクロスセルの販売ページのリンクを貼っておきます。アップセルやクロスセルがある場合は是非作っておきましょう。

よくある申し込み完了ページのパターンは次のとおりです。「ご購入おめでとうございます。これから私と一緒に頑張って成功しましょう。商品はすでにメールで送っています。〇〇〇〇という件名で送っていますので確認してください。もしくは迷惑メールフォルダに入っている場合もありますので、確認をお願いします。なかったら私まで連絡をください」と書きます。

ここでアップセルやクロスセルなど別の商品を案内する場合は「おめでとうございます」の文字の下に動画を入れます。その動画では「おめでとうございます。私からあなたにもう一個だけ新しいご提案があります。このご提案は本当に興味のある人、もしくはより高い確率で成功したい方だけご覧になっていただければと思います。気になる方はぜひご覧になってみてください」と簡単に動画で紹介し、アップセル商品の販売ページやセールスレターのURLを貼りつけます。そこでクリックしてもらえると、商品のセールスレターを見てもらえるという流れです。

申し込み完了ページは成約率が最も高くなる場所ですが、やりすぎには注意してください。買った瞬間に次のセールスがくると、お客様はかなりストレスを感じます。売り上げは上がりますが、あまりやりすぎるとクレームの元。「また売り込みか」と思われてしまわないように気をつけましょう。

無許可画像の掲載や断定表現は避ける

著作権やライセンスのある画像や表現には気をつけてください。画像を使う場合はできるだけ購入したライセンス画像を使います。もしもライセンスフリー画像を使用する場合には注意が必要です。フリー画像としてインターネット上に公開されているもののなかには、有料の画像を無料だと誤って公開しているものが紛れているケースがあります。それをこちらでダウンロードして使用した場合に、あとで面倒なことになりかねません。ちなみにライセンス画像は「写真ＡＣ」や「イラストＡＣ」で1枚５００〜６００円ほどで手に入ります。

デザインを発注するときは、ほとんどの場合、ライセンス画像を使ってくれるので問題はありませんが、自分でデザインをするときには特に注意が必要です。許可の必要な画像を無断で使っていると「あなたのウェブページには無許可で使用している画像があります」と連絡が来て過去まで遡って使用料を請求される場合があります。

もうひとつ注意してほしいのは断定表現です。キャッチコピーではギャップを出したい、煽りたい、という気持ちがでて「必ず」や「絶対」「１００％」のような断定的な表現を使いたくなるのですが、これはダメです。これらの断定的な表現がサイトにあるだけで、売買契約そのものが無効になってしまう危険性があります。注意してください。

3つの限定で売り上げ倍増・・・だけど

少々テクニカルな話になりますが、売り上げをアップさせる3つの限定の話をします。売上をアップさせる限定は3つ、数量・価格・期間になります。この3つの限定をすると売り上げは倍増しますが、同時にリスクもともなうことは忘れないようにしてください。

・数量限定

例えば「数量限定100個」というように個数を限定して販売すれば、購入される確率は高くなります。ただし、「限定100個販売としていたのに、実際には200個売っていた」というのはダメです。

・価格限定

「本来は3万9800円ですが、今だけ1万9800円で販売します」のような価格の限定です。ただし二重価格表記になってしまうと、消費者法で契約そのものが破棄になることがあります。二重価格表記を避けるには、定価で販売する正規のセールスレターを別にもうひとつ作ります。その上で「定価は3万9800円ですが今回はこのページのご覧の方に限り1万9800円で先着30名様にお届けします」と書いてください。実際にその値段で売っているセールスレターや価格表記があれば問題にはなりません。

・期間限定

期間を限定すると売り上げが上がります。ただしいつまでもやっているお店の閉店セールのような販売方法はよくありません。

この3つの限定をやると、売り上げは爆発的に増えます。例えば通常100万円ほどの売り上げのある人がこの限定をすると300万円くらいの売り上げになります。ただしやりすぎには注意してください。ビジネスは一過性の売り上げよりもLTVを高めることのほうが大切です。やり過ぎはやめておきましょう。

セールスレターと販売システムを連携させる方法

連携させるメリット

セールスレター作りを終えたら、次は販売システムと連携させます。セールスレターは販売システムとの連動ができて、初めて力を発揮してくれます。

販売システムとは何か、ですが、決済システムとステップメールの2つをセールスレターに連携させることによって、販売からサポートまでを自動化する一連のシステムのことです。

販売システムとセールスレターが連携できると、購入から商品受け渡しまでが完全に自動化されます。なので一番力を入れたい集客と販売したあとのカスタマーサポートに専念できるのです。

お客様は、年中24時間、昼夜問わずサイトを訪れて購入していきます。連携しておけば、商品購入後にすぐに商品を受け渡すこともできますし、夜中や自分が手を離せないときに注文を受けても自動化してあるので手間も時間もかかりません。

これがシステム連携をしていない場合はすべて手動でおこなうことになります。注文が入ったら自分で注文メールを確認して、返信メールに商品を添付し、送信します。購入してすぐに手元におきたい、すぐにスタートさせたいというお客様ののぞみにはなかなか応えられません。仮に大量の申し込みが入った場合でも、これだけの手間をすべて自動化で対応できたらとても助かります。

クレジット決済システムの導入手順

クレジットカードの決済システムのオススメは「エキスパ」というサービスです。銀行振り込みの場合、どこの銀行口座でどのくらいの手数料が掛かるかなど、お客様の側で思案するような場面がありますが、エキスパではそれも全て代行してくれます。また、クレジットカード決済もいろんなカードブランドに対応していて、決済手数料も

6.5～7.8％です。クレジット決済サービスは今は当たり前ですので導入は必ずしてください。ちなみに銀行振り込みは手数料2.8％で対応です。これらは同様の他のサービスに比べても安い設定価格だと思います。

エキスパの特徴をもう一つ紹介すると、顧客情報をかなり細かく管理することが可能です。専用ページで一元管理し、スタッフに任せるときもオペレーションの権限を与えられるので重宝します。

メールシステムと連携させる方法

決済システムを導入したら、今度はメール配信システムと連携させます。メール配信システムを選ぶときに重要なのは、到達率です。迷惑メールに入ったり、そもそもメールが届かなかったりなど、そんないいかげんなメール配信システムも世の中には多くあります。

先ほどから紹介しているエキスパのメール配信システムは、到達率が高いので安心です。購入いただいたお客様にメールが届かないというのは論外ですし、そもそもステップメールが届かなければ成約率はあがりません。売り上げにも影響してきます。クレームの元にもなりますので、そういった意味でも信頼できる配信スタンドを使うようにしてください。

エキスパのメール配信システムには、ステップメール機能もあります。他にも未入金の人に送る督促のメールや、別のオファーを個別に配信もでき、ＬＩＮＥにも連携することも可能です。お客様の携帯電話番号を入力をしておけばＳＭＳにメッセージも配信してくれます。これは他にはなかなかないシステムです。

商品の提供方法

商品の提供方法は、Ｇｏｏｇｌｅドライブからの直ダウンロードが便利です。ＰＤＦの場合はメールに添付するのではなくＧｏｏｇｌｅドライブにＰＤＦファイルをアップロードして、そのダウンロードのＵＲＬを、購入完了後の自動返信メールに記載して送ります。動画がたくさんある場合にも、Ｇｏｏｇｌｅドライブにアップロードして同じくそのＵＲＬを自動返信メールに貼れば問題無くクリアできるので便利です。

配送物の場合は、住所と電話番号を記入してもらい情報を受け取ります。こればかりは自分で配送しなければなりません。センターが代行するシステムというのもありますが、エキスパとは連動していませんので、受注が来た段階で自分で発送します。

売り上げと顧客管理のやり方

売り上げと顧客管理の方法です。売り上げの金額と顧客管理はエキスパで問題なく一元管理できます。

エキスパから出金するタイミングには、若干注意が必要です。出金申請するタイミングが限られていて、当月の売り上げを出金するのであれば25日までに申請をおこなうと翌月の５日に出金になります。この申請をしないとチャージ金としてプールされたままになります。

エキスパはクレジットカードの分割も対応していて、毎月の顧客の決済の履歴もチエックできます。未入金の人にはエキスパから自動で入金のご案内と催促メールを出してくれるので未収金についての心配もありません。

エキスパ　https://ex-pa.jp/

CHAPTER

4

セールスレターをデザインする

SECTION 01

自分でデザインする方法

自分で作成するメリット・デメリット

セールスレターを作る目的は、お客様に成約いただくことです。成約いただけるセールスレターは中身が勝負。テキストは自分で作り、デザインはプロフェッショナルな人にお願いするのも良いと思います。でも自分でデザインをしても問題はありません。今は難しい作業をしなくても、自分でセールスレターを作成するツールもあります。そういったものを使えば、自分でもキレイに作れるのでは、と思います。

セールスレターを自分で作成するメリットというのは、なんと言ってもコストがかからないことです。デザイナーに発注する場合、一般的にはだいたい10万円から30万円くらいは掛かります。10万円で発注できるセールスレターというとかなり安価な価格帯ですが、お願いするデザイナーによっては100万円を超すようなものもあります。いずれにしてもそのくらいは掛かることは覚悟しなければなりません。

自分でデザインするメリットは他にもあります。修正したいと思ったらすぐに自分で対応できる、というのは強いメリットです。修正のたびにいちいち外注先に連絡して改めて依頼しなくてはならないというのは、意外に時間も掛かるし、やりとりも面倒に感じます。

デメリットは、自分で作成すると時間が掛かってしまうこと。作成ツールがあるといっても、実際に自分で作るには多少のウェブのスキルが必要です。やればやった分だけ自分自身のスキルが向上しますが、もしその時間を自分で使えれば他のことに時間が掛けられます。商品を充実させたり、集客のためにSNSの構築に力をいれたり。おそらくやりたいこともたくさんあると思いますので、その辺りは考え方次第です。

デメリットはまだあります。当然ですがプロが手がけるデザインにはかないません。自分自身がプロのデザイナーだったら問題はありませんが、自分で作成したセールスレターがあまりにもしょぼくれているようでは、さすがに成約率が下がってしまいます。また、読み手である見込みのお客様にきちんとこちらの意思がきちんと伝わるものがつくれるかどうかも気になります。

メリットデメリットを並べると迷うところかもしれません。自分で作るにしても外注するにしても、どちらもそれなりの価値はあります。私から提案をするとすれば、まずは一度自分で頑張ってデザインしてお客様の反応をとり、いくつか売れたその売上をもとにプロにデザインを発注するといいのではないか、と思います。

サイポンの作成方法

自分でセールスレターを作るときの便利な作成ツールとしてサイポンを紹介します。サイポンは、第3章で紹介したメール配信システムのエキスパと連動した姉妹サイトのサービスです。無料で5ページまで作れますので、セールスレターと同時に作るプライバシーポリシーや特定商取引の表記などもページも、無料プランの範囲で作ることができます。エキスパとの連携すると、3章で紹介した決済システムやメールシステムも一元化して使えるのが利点です。

プロにデザインを依頼する方法

クラウドソーシングを活用するメリット・デメリット

続いて、セールスレターのデザインをプロのデザイナーに依頼する方法について解説します。

便利な時代になったもので、今はクラウドソーシングを活用すれば、どんな人でも簡単にプロのデザイナーに依頼してセールスレターを作ってもらえます。クラウドソーシングがここまで普及する前は、知り合いに発注するか、もしくはSNSでデザイン活動している人を見つけたり、インターネットで検索してデザイナーに発注したりしなければできませんでした。

クラウドソーシングは、依頼の仕方は非常に簡単で、価格も以前に比較するとかなり抑えて依頼できるようになりました。

クラウドソーシングを使うメリットは、なんと言っても自分で作るよりもはるかにカッコいいデザインのセールスレターができることです。プロのウェブデザイナーが作ってくれるので、見栄えもよく、いわゆる大手のデザイン会社やホームページ作成会社が作るようなページに遜色ないキレイなページが出来上がってきます。

作成時間が短縮できるのもメリット。急いでいる場合は、プロに依頼すれば自分で作るより数倍早い時間で、なおかつ良いものが出来上がります。また、仕上がってくるまでの時間を他のことに使えるというのも外注するメリットです。既出の話とかぶりますが、外注して出来上がるまで時間を有意義に使えるのは他にたくさんやることを抱えている身としては大変ありがたく思います。

クラウドソーシングを活用する際のデメリットです。自分で作るわけではないので、自分の持っているイメージとは違うセールスレターが出来上がってくる可能性があります。発注先のデザイナーに、自分の意図とすることをうまく伝え、理解してもらうことが大切です。他にも、納期の相談や価格、修正依頼などのやりとりにも手間と時間が掛かることは外注に出すデメリットといえます。

ランサーズの登録方法

クラウドソーシングの代表的な会社で最大手は「ランサーズ」です。登録方法は簡単で、ＦａｃｅｂｏｏｋやＧｏｏｇｌｅやＹａｈｏｏ！のＩＤを連動させれば完了します。登録するとすぐに仕事を依頼することが可能です。

ランサーズはエスクローサービスというシステムで、いわゆる仲介業。マッチングから集金代行までを行うサービスです。デザイナー側からしたら集金代行をしてくれるので未収のリスクがなくなります。集金の手間や未収金リスクがないという意味でもランサーは集まりやすく、良質なクリエーターが集結する理由になるのでしょう。ちなみに、ランサーズでは、登録しているデザイナーやクリエーターを「ランサー」と呼びます。

一方で、私たちのような発注する側に対してもランサーは責任もって仕事をしてくれます。評価の機能を見れば、その人のこれまでの仕事ぶりもわかるので安心です。

個人間同士の依頼でつきまとうお金の問題や、納品・納期に関するトラブルも、ランサーズを通せば、その辺りが担保されます。なのでランサーズは、仕事を依頼する側にも依頼される側にも人気です。

お仕事の発注の種類

ランサーズの発注方法は2種類で「プロジェクト形式」と「コンペ形式」というものです。「プロジェクト形式」は、1対1で金額や計画を相談しながら進めたいと思う人向け、「コンペ形式」は作品を募集して集まったたくさんの作品の中から気に入ったデザインを選びたい人向けです。

発注するときは、セールスレターの目的を伝え、イメージしているものに近い参考サイトなどを提示します。

プロジェクト形式で発注すると、何人か

ランサーズの発注方法

プロジェクト方式

1対1で金額や計画を相談しながら仕事を進めたい方におすすめです

プロジェクトの依頼画面に進む

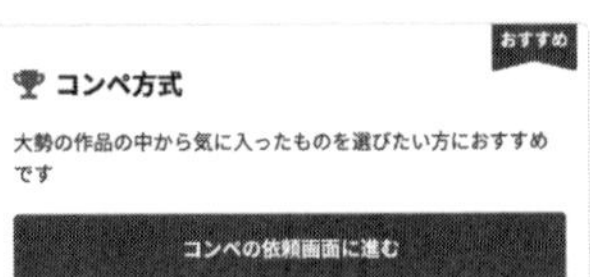

が手をあげてくれるので、その中から過去の作品とかプロフィールや評価を参照してこちらで1人を決めて依頼し、1対1で仕事を進めていきます。

コンペ形式では、大勢のランサーたちから提案されたたくさんのアイデアの中から1つを選び、入選1位を決めて、その1位の人に仕事をお願いする形式です。

ランサーズを使って一度お願いしたデザイナーは既にこちらの情報や好み、意図や考えを理解してもらえています。なので次の機会に別のセールスレターを発注するときに、同じデザイナーを指名してプロジェクト形式で直接お願いすることも可能です。

クラウドソーシングの費用と注意点

クラウドソーシングの費用と活用する注意点です。

まずランサーとの間ではトラブルに気を付けましょう。基本的にやりとりはランサーズ内で全て行います。LINEやチャットワークなど、ランサーズ以外のところで個別に組むのは規約違反です。直接やってしまうとメッセージのやり取りの証拠が残らないこともあり、トラブルの元になります。ランサーズの中のチャットでのやり取りで完結させてください。

またランサーとの間では、意思の疎通を十分におこなってください。わからないことは必ず確認するようにします。やりとりで理解できないことは自分の中で咀嚼した後に「こういうことで間違いないですか」とあらためて確認を取ることが大切です。ちょっとニュアンスが違うかな、という箇所は特に細かく確認をするようにしてください。

ランサーズのコンペ形式で作品を募集すると、安い相場なら10万円前後でアイデアが集まってきます。でもこれが15万円とか20万円で出せば、よりクオリティの高い作品が集まり、さらに30万円、50万円になってくると、より本格的なプロのデザイナーたちの作品が集まるのが魅力です。提示する金額で集まってくるデザイナーの経験値やスキルの程度がわかります。どんな人にお願いするのかを考える意味でも、こちら側で発注する価格を決められるのはよいことです。

納品形式ですが、セールスレターの場合、ドメインやサーバーはあらかじめこちら側で用意して、ウェブにアップロードするまでをお願いしてください。バックアップのデータも、元データで受け取っておきます。一度納品してもらった後に、表示する価格が変わったり画像や文章を替えたりする場合もあるからです。元データはフォトショップやイラストレーターの形式で納品される場合が多いと思います。これらのソフトウェアを持っていない場合でも受け取っておいてください。その元データがあれば修正などを他のデザイナーに依頼するときに便利です。データが無いとすべて作り直しになってしまいます。

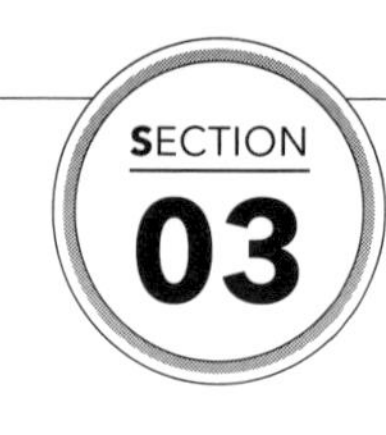

自分でデザインする際の注意点

見栄えよく

ここからは、自分でセールスレターをデザインする際の注意点についてお話しします。

セールスレターはなにより「見栄えよく」です。サイポンなどのツールを使えば、デザインはキレイに作れますが、微調整・微修正は必須。セールスレター全体の見栄えにも気を配ります。

セールスレターはそもそも第一印象が大事です。第3章 売れるセールスレターの書き方の「セールスレターの構成要素」でも既にお伝えしたとおり、まずはセールスレター冒頭のキャッチコピーで3秒間、目を止めてもらうわけですが、キャッチコピーは当然のこと、セールスレターの見栄えはなおのこと、デザイン重視です。パッと見はやはりキレイなページの方が、当然見てくれる率が高いことが理由になります。

セールスレターに1度来てくれた人が、そのあとも2回3回とアクセスしてくれることはまずありません。セールスレターの構成上、買わないで離脱するか購入するかの2択ですから、購入した人が再びアクセスすることもありません。初見の人しかアクセスしないからこそ、見栄えは重視するべきです。

参考までに紹介したいのが「ランディングページ集めました」というサイトです。ここに掲載されているデザインの出来の良し悪しは別としても、このサイトには様々な

ランディングページ集めました　http://lp-web.com/

ランディングページが集まっています。これらのデザインによって商品が売れているかどうかはこちらではわかりませんが、参考になるものはあるかもしれません。自分で作るときには、自分がデザインしたいイメージを持っていることが大切ですので、参考にしてみるのも良いと思います。

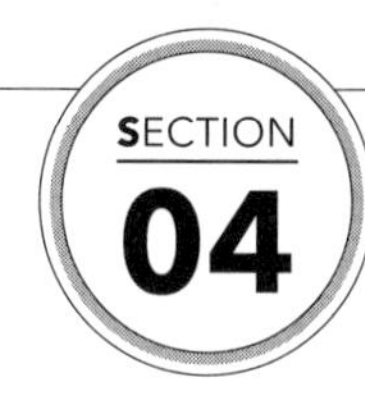

プロに依頼する際の注意点

メッセージのやりとり

プロに依頼する際の注意点です。プロのデザイナーやランサーズで外注するときメッセージのやりとりは、丁寧におこないます。

先ほどからお伝えしているとおり、外注先のデザイナーの持ってるイメージと、自分の作ってほしいイメージにはズレが生じていることがほとんどです。というのも、デザイナーの仕事はあくまでキレイにデザインを作ることだからです。

例えば、購入ボタンを例にしてみましょう。セールスレターがブルー基調なら、プロのデザイナーは同系色の水色のボタンをもってくるかもしれません。でもこちらのセールスの視点からすれば、正解は赤いボタンです。同系色にしてしまうと明らかにクリック率が落ちてしまうと考えます。しかしデザイナーにしてみれば、ブルー基調のセールスレターに赤いボタンなんてありえない、と考えるので既にここでお互いの考えにズレが生じているのです。

このひらきは、やりとりを何度も丁寧に重ねて解消していきます。この例であれば、場合によってはなぜ赤のボタンにしたいのかの理由まで伝えることが大切です。ただ「赤のボタンにしてほしい」と言うだけでは、こちらの意図が伝わらず、デザイナーは思いを受け入れられません。ただのわがままな人と見られてしまえば人によってはデザイン自体に手を抜かれたり、適当にされてしまうこともありえますので、そこは慎重に丁寧にやっていくようにしてください。

また、上から目線で依頼するようでは、うまくいくものもうまくいきません。以前、ホームページ制作の仕事をやっていた頃の話です。私はデザイナー側の立場で、企業から受注していたのですが、その企業の担当者はこちらの話をたいして聞いてもくれず、上から目線ばかりに無理難題を押し付けてきたのです。私は気持ちが疲弊してしまい、いい仕事なんてできたものではありませんでした。

やり取りが大切なことを理解して気をつけているようでも、いざ実際に現場にでていると配慮に欠けてしまうことはないとも言いきれません。時間がなくてバタバタしているときなどは、外注先に対して「そんなこともわかってないのか」と思ってしまいがちです。だからこそ、外注先にたいしては意識をして丁寧に、下手に出るぐらいでちょうどいいと思っています。そういう意味でも、詳細に自分が納得するまでデザイナーとはやり取りしていってください。

やりとりをする際に思い出してほしいのは、デザイナーは、セールスレターのプロではないということ。セールスレターは非常に特殊なウェブページですから、本書を手に取ってくださっているあなたのほうが知識はあると考えていて間違いありません。デザイナー自身がこのようなウェブマーケティングやセールスライティングの知識を持って仕事をしていることの方がごく稀です。なので、デザイナーは、あくまでもデザインの仕事をするだけであると認識してください。

納品されたら

納品されたら、すぐに内容を確認します。というのも、納品からある一定期間が経つとその時の状況とすり合わせるのが難しくなって手間がかかったり、修正するのに追加料金を取られたりします。

確認する内容は、データ形式、セールスレターに載せるテキストの文言、誤字脱字、配置のズレなどです。そこで不備を見つけたらその場で遠慮せず修正依頼をかけてください。ランサーズでの依頼の場合は「修正は〇回まで無料です」と記載している人もいます。その辺りの条件を最初に確認して、もし1回無料と記載されているのであればまとめて1度に送るようにします。

先ほども触れたとおり、画像データは、イラストレーター、フォトショップなどのオリジナルの元データでもらっておくようにしてください。

セールスレターにはアクセス解析も入れます。アクセス解析のタグは事前に送っておくと、デザイナーが納品時に入れてアップロードしてくれます。その辺りまではやってもらえるようにしておきましょう。

納品の際は、ウェブページそのものの納品で終わってしまうケースが多いのですが、先ほどから伝えているように私の場合はウェブサイトへのアップロードまでお願いしていています。それもセキュリティーの保護されているhttpsというウェブページを指定しています。httpのままだと「セキュリティで保護されていないページが表示されています」とアラートが出て、成約率を下げてしまうからです。ここはこちらであらかじめ設定まで準備をして、アップロード情報FTPサーバーのIDとパスワードをデザイナーに送るようにしています。

発注書の書き方

プロのデザイナーに依頼するときは、発注書を書きます。ランサーズでは記入項目が決まってるので、それを見ながら書いていけば、誰でも発注書は書けるようになります。

ただ、ここでも大切になってくるのが、外注先にこちらの作りたいセールスレターのイメージをどれだけ正確に伝えられるかです。既に本書では伝えていますが、参考サイトがあればURLを掲載し「こういうようなイメージで作りたいです」とはっきり伝えてください。ランサーズの中に同じような案件も必ずあるので、それを参考にすると良いと思います。

そして、その商品やプロダクトを作った経緯や熱意も書いていきましょう。「こんな思いがあるので、1人でも多くの人に自分の作ったノウハウや商品・サービスを伝え、広げていきたいのです」と熱い思いも添えておくと、デザイナーも人ですから、この人のために頑張ろうという気持ちになってくれます。

修正してもらえるように

その後の修正もしてもらえるように、デザイナーとの人間関係は作っておくのが大事です。お互いにプロ同士ですし、納得いくまで修正をしてもらえるような良好な関係を築いておくと、後々の修正やサイトリニューアルの時、もしくは別の新しい案件でセールスレターを作るときなど、快く引き受けてもらえます。

気を付けてほしいのは、納品後の修正回数が決まってるランサーズでの発注の場合です。その場合は、まとめて一回で送れるように配慮すると、回数が少ない分、ランサーの手間と時間を省いてあげられます。

もしも制限回数以上に修正をお願いするときには、別途費用は払ってください。「今回は無料でいいですよ」と言ってくれるのであればいいのですが、そうでない場合は「費用を支払うので修正してください」とやりとりすることが礼儀です。お互いにビジネス上でのやり取りなので、やってくれることに対する対価は払っていきましょう。

これもよくあることですが、デザイナーに何度も修正を出す人がいます。それも納品から1年を経た後にです。ウェブページを制作して納品してから1年経って修正と言われても受注側は困ってしまいます。実情は修正というよりも追加の仕事。「そこをなんとか」と言われても、どうしたものかと思うのが正直なところです。ランサーズの仕組みはそのあたりもキッチリできるのでいいのですが、デザイナーとの直接のやり取りの場合は、そのあたりも馴れ合いにならないようにしていきます。

そう言う意味からもランサーズを使うのは合理的です。繰り返しになりますが、ランサーズで発注したら、ランサーズのチャット以外のところで直接のやり取りは行わないようにしましょう。ランサーズはエスクローサービスなので、受注発注には手数料を取られています。個人で直接やりとりした方が確かにお互い安く済むわけですが、これがトラブルの元です。

ランサーズではやってもらった仕事に対して、評価もつけてください。納品が完了すると評価をつけるようにシステムから依頼が来ます。評価をするときは定型文ではなくて、お願いしたランサーの良かったところを具体的に「丁寧な仕事ぶりだった」「やりとりがスムーズだった」など、いろいろ詳細に書いてあげてください。そうするとランサー側からも良い評価を返してもらえます。

これからはバックエンド商品を作っていくごとに、セールスレターを作ることになるのですが、1度良いランサーに巡り合えると、次にお願いする時がラクです。既に自分のことを理解してくれているので、イメージを伝えるのも最初より数段ラクになり、やりとりもスムーズにおこなえます。

私もランサーズで会社のコーポレートサイトをデザインしてもらった人に、3〜4年たってからまた別のサイトを依頼したことありましたが、少し話をしただけで瞬時に理解して作ってくれました。

プロのデザイナーにセールスレターのデザインを依頼するときは、以上のようなことに気をつけて、取引をしてください。

CHAPTER 5 無料オファーで見込み客を集めよう

無料オファーの作り方

無料オファーとは

「無料オファー」とは、見込み客リストを獲得するため提案です。本書で伝えるバックエンド商品を売るための自動化は、無料オファーによって見込み客リストを集めて、そこから展開してバックエンドのセールスをしていく流れになっています。無料オファーをしていくと、見込み客を効率よく集めることが可能です。

「無料オファーをする」という意味は「無料であなたにプレゼントするので、送付するためのメールアドレスを教えてください」と相手に提案するということになります。要は無料のフロントエンド商品を提供し、メールアドレスを集めるということです。

無料プレゼントといわれてすぐに思い浮かぶのは、ドラッグストアなどで配られるお試しキッドや試供品などですが、今回はインターネット上で配る無料プレゼントなので「デジタルコンテンツ」を用意します。できるだけたくさんの種類のプレゼントを用意して無料オファーにのぞみましょう。

今回用意するデジタルコンテンツとは、PDFファイルや動画コンテンツ、オンラインコンサルティングです。用意したこれらのプレゼントを「欲しい」と思ってくれる人は、そのまま見込み客になってくれますし、この先のバックエンド商品にも興味を持ってくれる可能性のある人たちということになります。

無料オファーを受け取るためにメールアドレスを登録してくれた人にセールスするわけですが、バックエンド商品の売り上げをあげるには、この方法が最も効率よく見込み客を集められるやり方です。

無料オファーからの流れ

では、無料オファーからバックエンドのセールスまでの流れを見ていきましょう。

無料オファーで見込み客のリスト（メールアドレスやＬＩＮＥ登録）を集めて、ステップメールのシステムやＬＩＮＥのステップ配信を使って情報や知識を載せて数日に分けて配信します。この教育過程を踏んでもらったら、いよいよバックエンド商品のセールスです。

ところで、この無料オファーでは「あなたのメールアドレスを教えてください」と促すわけですが、他にはどんな個人情報を取得すればいいのでしょうか。

長年やってみて私が推奨するのは、メールアドレスと名前の２つのみです。メールアドレスだけでいいと言う人もいますが、私は名前を取得してステップメールやＬＩＮＥのステップ配信の「名前挿入機能」を是非活用して欲しいと思っています。送ったメールや投稿に、自分の名前が入っているだけで開封率は上がりますが、逆に入っていないと極端に下がるのが一斉配信です。

取得する名前は「苗字」もしくは「ニックネーム」だけで構いません。無料オファーの申し込みなのにフルネームを書くとなると抵抗のある人もいますし、配信ごとに毎回フルネームで呼ばれるのは微妙な心理になる人もいます。

本来であれば、ここで属性を絞るために年齢や性別、職業、住んでいる地域などの情報も欲しいところですが、そこまで入れてしまうと登録率がかなり下がってしまいます。この辺りの情報は、後から取得できますのでこの段階では必要ありません。

無料オファーLPを作成する

無料オファーをしていくためのLP（ランディングページ）を作成をしていきます。作り方のポイントはたった1つだけです。「強烈なオファー」を出す、ただ、それだけです。

「強烈なオファー」が意味するところは、「こんなにいいプレゼントなのにそれを受け取らないなんてどうかしてるよ！」「いまここで登録しないなんてありえないぞ」「どうか考えたって、こりゃ登録するでしょ」と思われるくらいの強烈なオファーを意味します。見た目のインパクトを出して表現するのがポイントです。

無料オファーLPとセールスレターの違い

無料オファーLPもセールスレターと同様で1枚もので作成します。書く内容については後述しますが、ここではその違いについて解説します。

無料オファーLPは、見た目のインパクトが強く、強烈なオファー、そしてプレゼントの概要がメインです。なので説得させる要素はまったく必要ありません。無料オファーLPはセールスレターに比べるとてもシンプル。そのプレゼントが欲しいかどうかだけですから、とにかくインパクトだけが勝負です。

無料オファーLPの場合、長すぎると登録率が下がります。詳細がつらつらとあると読むだけで納得してしまいます。プレゼントの中身に期待を持たせて、開けて見ないとわからないワクワク感を演出する短めのページにしていきましょう。

セールスレターは有料商品を売るページです。興味を惹きつけるところからはじめて、商品がいかに凄いかの証拠をだし、自分ごとに捉えてもらって、こちらの権威性をだします。さらに自分の詳細プロフィールや商品を作った経緯にも触れ、購入できない人の悩みに答えていくので非常に長いです。

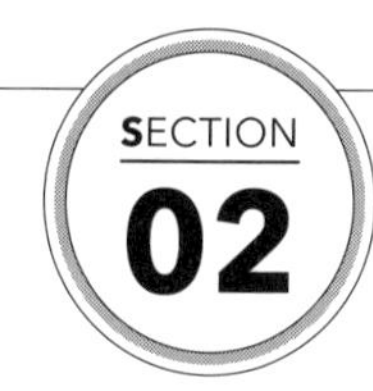

欲しくなるプレゼントの作り方

数で欲しくなる

無料オファーで、思わず欲しくなるプレゼントの作り方についてです。

まずはプレゼントの数ですが、数はできるだけたくさん用意してください。たくさんあればあるほど登録率はあがります。プレゼントの数がたくさんあれば、必然的に守備範囲も広くなり、欲しくなる対象の人たちが増えますので、当然、登録してくれる確率も高くなります。そういった意味でもプレゼントは3つ以上がオススメです。もちろん1つでも構わないのですが、やはり1つよりも2つ、2つよりも3つあったほうが断然いいです。

では次に、プレゼントの数をどのようにして増やしていくかです。

ダイエットマニュアルの例で説明していきます。ダイエットマニュアルのプレゼントをするのであれば、運動編、食事編、睡眠編というようにコンテンツを1つにまとめず、複数に小分けしていきましょう。運動編が特に気になる人、食事が特に気になる人、睡眠が特に気になる人、とそれぞれが気になるところで集まってくる人たちの層が厚くなります。

見込み客を集めるためには、たくさんの無料プレゼントを作るのがオススメです。

ボリュームで欲しくなる

プレゼントのボリュームですが、ボリュームは大きいほうがいいです。ここでいうボリュームとはページ数や収録時間などのことをさしますが、プレゼントの数を複数用意できない場合は、ボリュームで勝負します。PDFなら50ページ以上。50ページのコンテンツが無料で貰えるわけですから、満足度もかなり高まるはずです。

この「満足度が高まる」というのが無料オファーのプレゼントではとても大事なポ

イントです。満足度が高まれば、「この人めちゃくちゃすごい人だな」「いい人だな」「親切な人だな」と徐々に信頼関係ができていきます。

補足になりますが、ボリュームをだすために文字数はそれほどないにもかかわらず、行間が大きくとられていたり、無駄に画像が大きかったりすると中身がスカスカだと思われてしまいます。最終的にはバックエンド商品に紐づくフロントエンド商品なので、丁寧にしっかり内容を作りこむことが大事になります。

プレゼントを受けとった人の満足度を上げる方法として、もう1つこだわって欲しいのがデザインです。PDFなら表紙もつけて、ブックカバーやテキストのレイアウトにもデザインを入れると、より満足度が上がります。動画コンテンツはサムネイル画像をかっこよくデザインしてみてください。見た目がいいと受け取った人は得した気分になれます。

最新版で欲しくなる

プレゼントには、過去にだした自分のコンテンツも使えます。何年もブログをずっと書き溜めているのであればそれをまとめたものや、過去にＹｏｕＴｕｂｅで公開していた動画があれば何本かパッケージしたものでもかまいません。是非プレゼントにして数を増やしてください。

過去に有料で販売していたものもプレゼントにできますが、最近販売していたものであるとお金を出して買った人からクレームが来ますので、有料販売から2～3年経ったようなものであればいいと思います。古くなっている情報はもちろん修正し「改訂版」「最新版」として出してください。

とにかく無料オファーは、数とインパクトです。「こんなにたくさん無料で貰えるの？」と思ってもらえたらこちらのもの。プレゼントの種類を増やすには、過去のものも出せるだけ出してください。

限定で欲しくなる

無料オファーで登録率をあげるための2つの限定を紹介していきます。無料オファーで登録率をあげる限定は、「期間」と「個数」です。

・期間の限定の例

本日から10月11日までの期間限定プレゼントです

明日から3日間の限定プレゼントです

・個数の限定の例

50セット限定のプレゼントです

限定30個です。お早めにお申し込みください

このように「期間」「個数」で限定をすると登録率は飛躍的に伸びていきます。これは必ずやるようにしてください。

やってはいけないプレゼントとは

やってはいけないプレゼントについても触れておきます。

無料オファーのプレゼントは、必ずオリジナルコンテンツを使ってください。他人のコンテンツは使ってはダメ。当たり前のことですが、それでもたまにみかけるのが他人が無料で提供しているコンテンツを、勝手に自分のコンテンツとして無料でプレゼントしている人です。著作物の転載は法律違反になりますので、絶対にやめてください。人が使っている画像の転載もやめましょう。

ただし、再配布販売権のある「リセールライト」という情報コンテンツがありますが、これは購入していれば利用可能です。値段も自分でつけられるので、0円配布もできます。ただ、既に持っている人からしたら同じものになるので、若干登録率は落ちるのは想定されます。

やはり一番いいのはオリジナルコンテンツです。自分で書く、もしくは自分で動画を撮るにこしたことはありません。

無料オファーLPの構成要素

無料オファーLPの構成要素

無料オファーLP（ランディングページ）の構成要素についてです。セールスレターと同様に、無料オファーを申し込むLPの構成要素の内容を解説していきます。

・キャッチコピー

まず一つ目はキャッチコピーです。キャッチコピーはLPの冒頭のヘッダー画像に載せる文字です。無料オファーLPですし、ある程度の過激さはあっても構いません。とにかくインパクト重視です。キャッチコピーには、数字を使いましょう。要所で具体的な数字を使うことで説得力をだします。細かい数字を載せることで登録率が高まります。

キャッチコピーには、先ほどの2つの限定も入れます。期間と個数の限定です。「10月は20セット限定」「100セット限定プレゼント」「8月限定」とすれば、いつでももらえるというわけではないので、「今申し込みをしよう」と思ってもらえます。

・プレゼントの概要

キャッチコピーの下には、無料オファーで配布するプレゼントの内容を載せます。PDFのプレゼントであれば、ブックカバー（イメージ画像）と目次です。「このプレゼント、なんかスゴそうだからもらっておこう」と思ってもらえるようなPDFのブックカバーと内容の充実度がわかる目次を

PDFのイメージ画像（ブックカバー）の例

記載します。

ブックカバーは、ランサーズで発注すれば数千円でつくってもらえるものです。目次は見た人が、そのPDFを受け取ることに大きな価値を感じるように内容を上手に盛り込んで見せていきましょう。

・スリップイン

LPの流れとしては、キャッチコピー↓プレゼントの概要↓スリップインの順です。セールスレターの場合、後半に商品の詳細説明を書きますが、無料オファーLPではキャッチコピーの後にすぐプレゼントの概要を書き、その流れでスリップインに入ります。

スリップインは「こんなことに悩んでいませんか」と質問を投げかけて、瞬間的に欲しいと思わせるようにします。ポイントは4つです。

①読み手に今のままでいいのか疑問を投げかける

「あなたは本当にこのままでいいのですか」と投げかけプレゼントのオファーをしま

す。これだけでスリップインは完成と言ってもいいでしょう。ダイエットマニュアルで例えると「本当に今のままの体型でいいのですか」とスリップインしたらどうでしょうか。こんなオファーが来たら強烈です。

②今自分が必要としているものに気づかせる

今のままでいいのか、と投げかけたあと「これが10日で4キロ痩せた私の超絶ダイエットです」と続けて、さらにオファーを強めます。「今のままでは嫌だ！　このダイエットマニュアルがほしい！」と自分のことととして捉えられるようになる瞬間です。

続けて「お待たせしました」「あなたが必要としているものはここにあります」とこちらからのプレゼントを提示し、興味のある人に強烈なオファーをします。「お待たせしました」という言葉は、本当に欲しい人には響く言葉です。

③「これさえあれば」という安心感を打ち出す

「これさえあればあなたの願いは叶います」と安心感を打ち出すのも効果的です。オールインワンで悩みの解決方法が手に入るお値打ち感をアピールします。「これ1冊あれば他は不要です」「これ1つあれば他はもうなにも必要ありません」という表記で、「私にお任せください」と見込みのお客様に寄り添ってください。

④お得感を演出する

「3冊無料プレゼントします」などの表現でお得感を演出します。複数準備してきたプレゼントの数をいれて、スリップインを作ってください。この時点でも登録はかなりあると思います。

・プロフィール

無料オファーのLPにのせるプロフィールには、どんな人かよりも、どれだけ評価があり、実績・成功事例などがあるのかを書きます。経歴、受賞歴などのオーソリティ要素、いわゆる権威性などはすべて入れてください。

顔写真は、必ず宣材写真を使います。自分のスマホで自撮りしたような写真ではなく、ブランディングしたうえでプロに撮ってもらった写真にします。

・申し込みフォーム

プレゼントの概要のすぐ下にも申し込みボタンを入れて申し込みフォームへ飛んでもらえるようにしておきましょう。

申し込みフォームは、記入しやすいことが大前提です。とにかくシンプルで、記入事項をわかりやすくしてください。基本的に書いてもらうのはメールアドレスと名前（苗字）の2項目になります。名前もフルネーム記入するとなると登録率が下がるので名前の記入欄には（苗字）と書いておくとわかりやすいです。

ここからは、無料オファーLPからLINEに登録してもらう時の注意点です。LINEはダイレクトに登録するだけなので基本的にはメールアドレスはもらえませんが、この先LINE側の都合でアカウントが止まったり削除されたりする可能性もあり得るのでその備えとしてメールアドレスを受け取っておく対策を講じます。

登録を完了してもらったら、LINEのウェルカムメッセージでアンケートを送る、もしくはプレゼントを複数用意できるのであれば「2つ目のプレゼントはここから請求してください」と申し込みフォームのURLを送ると、メールアドレスの取得が可能です。

バックエンド商品のセールスのために欲しい住居地域、仕事、年齢、性別などの情報は、無料オファーでプレゼントを配布した後に実施するアンケートで受け取ります。

・**特定電子メール法に基づく表記**

無料プレゼントを配布した後は、ステップメールやＬＩＮＥのステップ配信で情報や教材を届けて、信頼関係を深めていきます。そのため無料オファーＬＰにも、「特定電子メール法に基づく表記」の掲載が必要です。ＬＩＮＥの場合も同様になります。

また、メールアドレスなどの個人情報の扱いについては、取得した電子メールアドレスの用途を示す「プライバシーポリシー」も作成します。無料オファーのページの下にいれてもいいですし、別ページにジャンプさせる形でも構いません。ちなみに今回無料オファーですので「特定商取引法の表記」は不要です。

SECTION 04

無料オファーの紹介方法

無料オファーの紹介手段2つ

無料オファーの紹介方法として手段は2つあります。SNSと広告です。

SNSといってもここでは、フェイスブックに代表されるようなソーシャルメディア全体を意味します。インスタグラムとかTwitter、YouTube、ブログなど、他にもいろいろなものがあります。無料で使える交友媒体で、友達とつながったり、いろいろな意見を交換しあったりできるというのが定義です。それぞれ媒体の投稿に無料オファーの紹介記事をアップロードして、そこから登録してもらいプレゼントを送ります。

SNSで紹介

ここからは、代表的なSNSでの無料オファーLPの紹介方法と広告の種類について触れていきます。

・Facebookで紹介

最初にフェイスブックです。フェイスブックでの紹介方法はいくつかあります。通常投稿と同じ感覚で、無料オファーのプレゼント内容を何か写真と共に記事として投稿するパターン、URLをそのまま記事に貼り付けてそこからLPに遷移して申し込んでもらうパターン、日常の投稿をしつつコメント欄に「プレゼントをやっています。興味あれば是非登録してください」と貼る方法などがあります。

またフェイスブックページやフェイスブックグループをつくって、興味ある属性を集め、そこでプレゼントの提供も可能です。

・インスタグラムで紹介

インスタグラムは、写真がメインの媒体です。写真からＬＰに誘導することはできませんが、プロフィールのところに無料オファーＬＰのＵＲＬを載せたり、ＱＲコードを書いたりして、そこから誘導します。

・Ｔｗｉｔｔｅｒで紹介

Ｔｗｉｔｔｅｒは、日々のツイートの中に無料オファーのＬＰを入れたり、ホーム画面のプロフィールの下に固定記事として置いておくこともできます。

・ＹｏｕＴｕｂｅで紹介

ＹｏｕＴｕｂｅの場合は、コメント欄や説明欄に無料オファーの情報を書いておきます。コメント欄は目にとまりやすいので、無料オファーの内容やＬＰのリンクを書いて固定しておきましょう。スマートフォンの場合は、クリックしてスライドさせないと説明欄は表示されませんが、動画のすぐ下に出るコメント欄は読んでもらいやすくオススメです。

・ブログで紹介

ブログは、Ｇｏｏｇｌｅ、Ｙａｈｏｏ！などの検索エンジンからアクセスが集まります。ブログを更新して、いろいろなキーワードで上位表示されることによって、そこにアクセスしてきた人たちが無料プレゼントを申し込む流れです。

広告で紹介

私たちが出せる広告は主に４種類です。いずれも広告を出すには費用が発生します。

①検索エンジン広告

Ｇｏｏｇｌｅやｙａｈｏｏ！の検索結果でサイトの上位に表示される広告

②アド広告

ニュースサイトやポータルサイトでみかける「ＰＲ」と書いてある広告画像や記事広告

③SNS広告

YouTubeやフェイスブック、インスタグラムで出す広告

④メルマガ広告

たくさんリストのあるメールマガジンに出す広告

どこで紹介するのかによって、集まってくる見込み客リストの濃さは変わります。購入率の度合いからみると、広告よりもSNSで紹介する方が濃い属性のリストを集められる可能性が高いです。広告はお金をかけて無理やり集めるようなものなので、反応はSNSほど期待できません。

理想的な登録率とは

無料オファーLPからの理想的な登録率は10％。理想としては30％です。無料オファーLPを10人見てくれて1人登録すれば一応合格ラインの目標値ですが、3人登録

してもらえるのが理想値になります。

最終的なバックエンド商品の成約に至っては、そこからさらに離脱していくので、ここでガサっと無料オファーで集めることが、次のバックエンド商品の成約につながります。

また紹介する媒体、広告種別によっても登録率は違います。年齢層や性別によっても登録率はガラッと変わるので一概には言えませんが、日頃から自分のベースとして発信していてフォロワーが多いSNSでは、理想の30％が出せるとよい感じです。

SNSやブログの紹介経由でLPに来ているのに、登録率が10％切る場合は、オファーが弱い、見た目が安っぽい、オファーの価値が伝わってない、などの理由が考えられます。その場合はLPを見直し、修正・加筆をしてその後の反応を見ていきましょう。

紹介をお願いする方法

自分で運用するSNSやブログ、広告を使っての無料オファーの紹介は当然続けていきますが、ここで起爆剤となるのが力あるインフルエンサーや著名な人からの紹介です。

ただし、「紹介をお願いします」だけでは、おそらく実際紹介はしてもらえません。「この無料オファーを紹介していただくと、あなたにもこういうメリットがありますよ」と相手のメリットを前面に打ち出し、紹介をお願いしていきましょう。

また力のある人、影響力がある人、フォロワーさんがたくさんいる人に、費用を払って紹介してもらうのも当然アリです。「こういう無料商品を紹介していただきたいのですが、おいくらでやっていただけますか」と打診をすると、向こうから金額を言ってくるケースが多いです。そこから値段交渉したり、条件を出したりして、案件として話をまとめていきます。

CHAPTER

6

買わずには いられない セールス テクニック

SECTION 01

セールスの流れ

無料オファーで集めたリストにセールスをする

セールスには型がありますので、その流れを抑えておきましょう。具体的には、無料オファーからプレゼントの受け取り↓リストの取得↓数日間に渡るメールやLINEの配信↓バックエンドのセールス、といった流れになります。無料オファーからいきなりセールスするわけではなく、この過程で信頼関係を徐々に作っていって、疑問や悩みなどにフォーカスしながら、コミュニケーションを重ねて、セールスしていくという流れです。

無料オファーでプレゼントを受け取ってもらった時点から、すでにバックエンドのセールスは始まっています。

「セールスする上で覚えておくべき心得」3点です。

①セールスは売り込みではない

「セールス」を直訳すると「売る」「販売する」ですが、ここでいう意味は、直訳通りのセールスではなく、相手の悩みをすべて解決して消費行動を起こしてもらうまでの行為です。

私たちもそうですが、お客様も損はしたくありません。やはり後悔はしたくないし、失敗はしたくない。「買わなきゃ良かった」なんて決して思いたくはないわけです。だから何かモノを買うときは慎重になりますし、疑問や悩み、不安などが当然つきまといます。そういったものを払拭できるようにしていく段階が「セールス」です。セールスは売り込みではないということを、まず覚えておいてください。

②1つのリストは1人のお客様である

集まってきた見込み客のリストについての考え方です。単なるメールアドレスという考え方ではなく、メールアドレスを教えてくれたその一人一人が、パソコンの向こう側にいると思って向き合う姿勢を大切にしてください。見込み客のリストが数千人も集まってくると、リストの捉え方が変わってしまう人もなかにはいます。リストが何千何万と集まったとしても、その一人ひとりがパソコンの向こう側で自分の送ったメールやＬＩＮＥを読んでくれていると思えたら、その気持ちは言葉や文章にも自然と現れてくるものです。

③短期間の教育で信頼関係を構築する

文章は、考えていることしか文字化できません。適当に書いていれば「適当な文章だな」と思われますし、読んでくれる人を想って書いているときはその想いは伝わります。表現している文章は自分のもつイメージそのものですので、気をつけましょう。

すでに無料プレゼントをお客様が受け取ったところから、自分への評価は始まっています。プレゼントの内容も、メール・ＬＩＮＥの内容もそうです。自分に興味を持ってくれた見込み客ほど、一言一句のチェックに厳しい目が光ります。

セールスにはメールとＬＩＮＥがある

無料オファーからバックエンド商品をセールスするツールは、メールとＬＩＮＥの2種類です。それぞれ少しずつやり方が違うので、メールの場合、ＬＩＮＥの場合とに分けて流れを解説します。

まずは、ＬＩＮＥとメールをどう使い分けるかということについてです。これはお客様の属性、サービスや商品のターゲット層に応じて使い分けます。

メールでのセールスは、比較的年齢層が高めで、以前からパソコンをやっている人には有効です。一方ＬＩＮＥでのセールスは若者たちへのアプローチに有効です。

メールとＬＩＮＥの両方使いでセールスする場合は、アカウント削除を回避するためにも、実際の内容はメールで送り、ＬＩＮＥでは「メールを送りましたよ」というような補助的な内容で留めておきましょう。受け取る側もスパムとは思わず、「お知らせがきた」と捉えてもらえます。

メールセールスの特徴

メールは最高のセールスツールです。メールについては、今いろいろなことが言われていますけれど、私の経験から言わせてもらえば、どんなツールもメールには敵わないと思っています。メールでのセールスなんて終わりではないかとか、反応が取れないのではないか、メール見ている人などいるのか、などと思うことはありません。メールは意外に読まれています。

ＬＩＮＥも見られてはいますが、今は逆にＬＩＮＥでいろいろなものを登録し過ぎている人が多くて、未読がたまったり見落とさせれたりするケースも少なくありません。未読がたまりすぎると開くのが面倒になってしまいますので、結局読んでもらえない。最終的には結局メールに戻ってくるのかな、と感じています。

メールはシステム的にも自動化しやすいですし、既に完成されているセールスツールです。

ただし、せっかく送ったメールなのに届いたことさえ相手に気がつかれないという事象も起こりえます。相手に届くたくさんのメールのなかに、自分の送ったメールが埋もれてしまうのです。

また、配信した先の受信ボックスで迷惑メールに振り分けられてしまっているケースもあります。メール配信スタンドはそもそも一斉配信するので迷惑メールに入りやすく、世の中にある様々なメールスタンドが、いろいろな技術を駆使して対策をしています。

本書では何度も紹介しているメール配信スタンドのエキスパは、そういった意味でも短いスパンで定期的に対策をしているメール配信スタンドです。他のスタンドよりも一斉配信メールが届きやすく感じます。

LINEセールスの特徴

次は、LINEでのセールスの特徴です。LINEはなんと言っても到達率100%なのが最大の長所。ここはメールよりもLINEに軍配です。

ただしお分かりのようにLINEで長い文章は作れないし、送ることができません。一斉配信の場合は500文字までの文字数制限があります。500文字は思っているよりも意外に短く、文章が長くなる場合には分割して送信することになります。でも分割すると精読率が落ちるのが難点です。

　また、自分の送った配信が、他のところから届くＬＩＮＥに埋もれる可能性があるのはメールと同様。ただＬＩＮＥの「リッチメニュー」を使えば、画像が表示されるので視覚的に目立ちます。「リッチメニュー」では、動きのあるメニューを送信することも可能です。それをタップするとサイトに飛ぶような設定もできます。

LINEのリッチメニュー

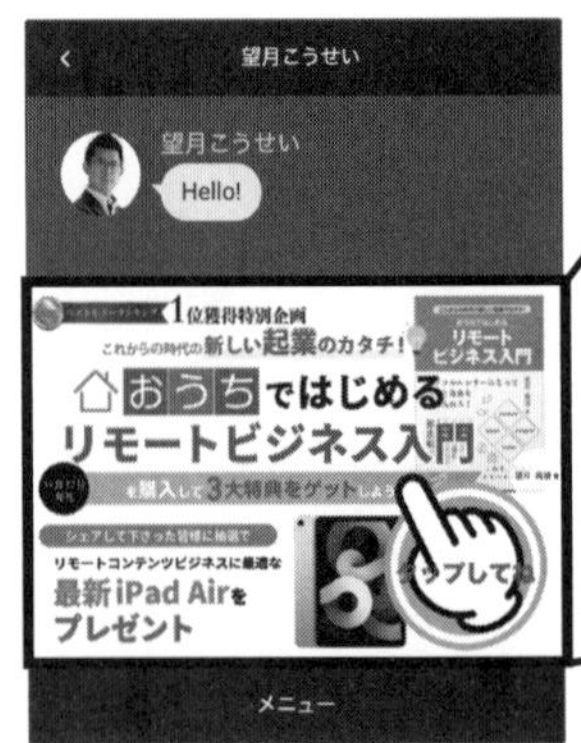

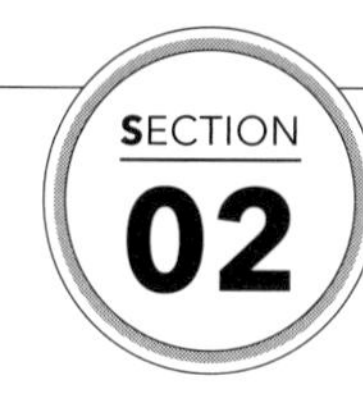

メールでセールスする（セールスレター公開まで）

7日間ステップメールで配信を自動化する

セールスレターを公開するまでの流れを説明します。メールでのセールスは、本書では7日間のステップメールを使って、配信を自動化していきます。無料オファーでプレゼントを受け取って、その後7日間で信頼関係を深め、バックエンド商品を紹介して販売する流れです。

まずはメールでのセールスからです。

メールでのセールスは、ステップメールで行います。無料プレゼントの登録から順番に1通目↓2通目↓3通目↓4通目というようにメールを送ることができるシステムです。

通常のメール配信の場合は都度配信となります。たとえば配信をスタートさせた2日目に登録した人は、既に送信を終えている1通目は読むことはできません。3日目からの配信ということになります。極端にいうと、あとから登録した人は翌日から売り込みが始まってしまうということにもなりかねません。

しかしステップメールの配信システムをつかえば、登録したのがどのタイミングでも1通目の配信からはじまります。仮にもしそのメールでなにかの募集を始める場合には、募集開始のメールが相手に届いたタイミングがその人にとっての募集期間のはじまりです。非常に優れているシステム

ステップメールのイメージ

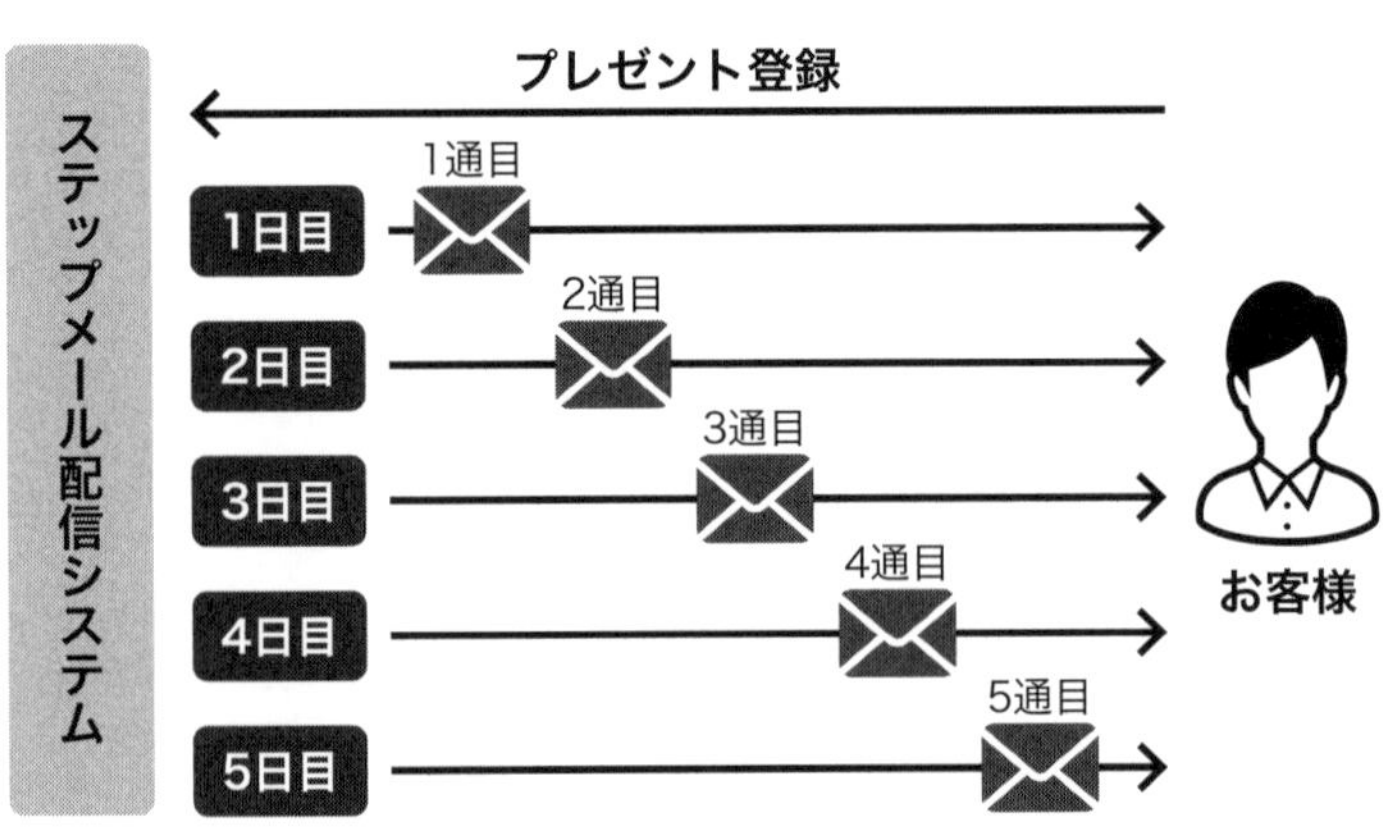

だと思います。

ステップメールを送る時に一番大切なのは、名前を挿入をすることです。開封率が上がります。また、配信時間も1通目は20時00分、2通目は21時30分というように、それぞれ設定できます。

確かにメールは埋もれやすいですが、広告宣伝ではなく自分のために書いてくれたメールが届いていると認識してもらえると、開封率をあげることも可能です。

1通目

それでは1通目の内容です。1通目は、無料プレゼントを受け取るためにメールアドレスを登録してもらったときに送られる自動返信メールです。自動返信メールでは、無料プレゼントのPDFや動画コンテンツのダウンロードURLを記載してお渡しして、アンケートに答えてもらいます。

この1通目のメールは、ほぼ100%の開封率です。プレゼントを受け取るのに当然開封されますので、同時にアンケートもとっていきましょう。

要は必ず見るメールでアンケートを書いてもらい、次につなげます。アンケートを書いたら書いたでそれがどうなったのかが気になるので、必然的に次のメールの開封率もあがるのです。プレゼントの感想をすぐにもらえると、こちらとしては無料オファーLPにも手を加えられますし、様々な対策も講じることができますので、マーケティングの精度をより上げられます。

①御礼とプレゼントのお渡し

まずは、登録してくれたお礼です。「プレゼントへお申し込みいただき、ありがとうございます。どうぞ、プレゼントを受け取ってご活用ください」と続け、Googleドライブなどにアップロードした PDFや動画コンテンツのURLをメール本文に貼ります。

②アンケート

その下にはアンケートを設置し、早速プレゼントの感想を書いてもらいます。また、大切なのが無料オファーで受け取れなかった細かい属性の把握です。

アンケートの作成は、Ｇｏｏｇｌｅフォームを使えば無料になります。項目は、年代・性別・都道府県・職業、プレゼントの感想、他に興味のあること、などです。悩みを聞き出すときは、「今気がかりなことはなんですか」と設問して記入を促します。

悩みを聞きだすときに「あなたの今悩んでいることを聞かせてください」と書いても、なかなか書いてもらえません。「自分の悩みはコレだ」とわかっている人は書いてくれるのかもしれませんが、自分のことは自分でなかなかわからないものです。

ところが「気がかりなこと」と聞かれると、自分を振り返って「何だろうな」と考えてくれます。「子供が反抗期で」とか「上司とそりが合わなくて」など、実はそれ自体が悩みなのですが、気づいている人はあまりいないのです。

③次回のメール配信の予告と解除リンク

文章の締めには、「次回は〇〇〇〇についてお伝えします」のように、次回のメールの予告のお知らせを入れると、次のメールの開封率が上がります。ちょっとしたテクニックですが、必ず最後に次のメールの期待値を高めるような表現を書くようにしておきましょう。

最後に「今後メールが必要ないという方はこちらから解除してください」と解除リンクを入れます。これは、特定電子メール法では欠かせない表記です。今回のステップメールの末尾には全て必ず入れてください。

2通目

2通目の配信は、基本的には1通目の翌日です。

①1通目で集まったアンケートの結果

2通目にはアンケートの結果を書き、悩みにフォーカスした内容にします。「書いてもらったアンケートの結果が出ました」のような形にしておくと、「なるほど、昨日僕が入力したアンケートはどうなってるのかな」と思ってもらえるものです。

そもそも、受け取る人たちは、届くメールが自動で配信されていることに気づいてない人がほとんど。そうなるとメールでのやりとりは余計プライベート感が増しますので、必ず「わたし」と「あなた」の二人称で書くようにします。

②プレゼントのダウンロード先ＵＲＬを再度掲載

２通目にも無料プレゼントのダウンロードＵＲＬは書いてください。忙しくて自動返信メールを見れなかった人にも、次の日に届いたメールでプレゼントをダウンロードできるようにしてあげましょう。

また１通目でおねがいしたアンケートの結果を一部紹介して、まだ答えていない人にも「もし回答がまだでしたら下記からアンケートのご協力をお願いします」という文面で再びアンケートフォームのＵＲＬを貼り回答を促します。その後、徐々にアンケートの回答が集まってきたら、ここで紹介しているアンケート結果に加筆し、どんどん配信内容を充実させていくのです。

③悩みを解決したときの喜びの声

２通目では「こんなに悩みがある人も、解決できたらこんな風になれた」いう喜びの声を書いていきます。

なぜこんなことをするかというと、1通目のアンケートで書いてもらった今の悩みや気がかりなことが解決できたら、こんなにも晴れ晴れと嬉しい気持ちになっていくんだ、というイメージを持ってもらうためです。

具体的には「この先、こんな風になれますよ」でもいいですし、すでにバックエンド商品を買って悩みを解決した人の感想があればそれを書いていきましょう。

④次回配信の予告

次回配信のお知らせでは、解決した喜びの声からの流れのままに「次回はあなたがお持ちのさまざまなお悩みを解決する方法をお届けします」とします。

また、最後に次の3通目配信予定時刻も掲載してください。「明日の夜7時に送ります」「明日のお昼に送ります」となれば、興味づけができて反応もとりやすくなります。これはこれですごく大事です。たくさん届くメールの中から「そういえば望月さんからメール来てたな」と見つけてもらいやすくなりますので、配信時間は、必ず書くようにしてください。

⑤SNSアカウントのフォローのお願い

また、SNSをやっている場合は「Twitterフォローしてね」「インスタやってます」などもメールの後半に記載し、早速フォローしてもらいましょう。SNSでも自分の活動を拾ってもらえば、ブランディングになり、信頼関係が深まります。人間性も理解してもらうことができます。なので、SNSをやってる人はフォローして欲しいSNSアカウントを書いてください。

3通目

3通目では、徐々に自分に関心を持ってもらうような自己紹介をしていきます。

①自己紹介

1通目2通目では一切自分の話はしてきませんでした。とにかくプレゼントがメインですし、強烈な無料オファーを受け取ってくれた人にとっては、正直「お前の話なんて別にどうでもいい」という印象でしかないので、自分の話を書いたところで読んではもらえないからです。でも2通目くらいからは、そろそろメールを送っている人がどんな人なのか気になる頃合いです。

無料オファーLPにすら、ほとんど自己紹介はしていませんので、ここで初めて自分がこの仕事を始めたきっかけや馴れ初め、挫折から成功ストーリーを書いて、相手との距離を縮めていきます。

②次回予告とアンケートのオファー

さらに続けて「僕のあみ出したダイエット方法はこれだけではなくて、他にもお伝えできる細かいことがあるんです。それは〇〇なんです」と書いて、バックエンドのセールスにつなげます。

末尾は2通目と同じように、「ちょっと今日も長くなってしまったので詳しい内容は明日〇時にお届けします」で締めます。ここで1通目からのアンケート事項をまだ書いていない人には記入を促し、新たに今日のメール内容で気になったことについての質問を受け付けるアンケートの募集をするのもよいです。2通め同様にここでもSN

Sのフォローアカウントも記載しておきましょう。

4通目

4通目では、いよいよバックエンド商品の概要です。

①バックエンド商品の概要

バックエンド商品の概要を記載し、期待値を高めます。

3通目の自分のあみ出したダイエット方法についてを例に、その続きを一つのケースとして紹介していきましょう。

まずは「この4通目まで読んでくれてありがとうございます」と御礼を述べ、3通目に書いたダイエット方法の詳細について詳しく書いていきます。このダイエット方法こそが用意してあるバックエンド商品です。「昨日書いたダイエット方法について、どんな内容なのか、今日は詳しく書いていきたいと思います」と前置きをして、バックエンド商品のセールスレターで書いた内容から、目次などの詳細を記載してボリュームたっぷりに感じてもらえるようにします。

②募集日時の予告で「期限」「個数」を限定する

ここでいよいよバックエンドの販売・募集開始日時の発表です。「明日から募集します。お答えいただいたアンケートでもなかなか痩せられなくて悩んでいる人が結構多くいましたので、僕が作ったこのマニュアルを参考に実践をすれば、明るい未来が待っています」とし、期限を切ります。

期限の書き方は「明日の募集開始から○日間」です。登録した順番に1通目から届くステップメールですので、○月○日～○日という日付の設定はできません。

ここではまだ価格は言わないでください。「特別にお安く」もしくは「お手頃な価格で」程度にします。「今回は期間限定で数量何個でお届け」「先着何名様にお譲りいたします」と「個数」の限定を入れると、見込み客は購買意欲をそそられるのです。

ここまでが、無料オファーからセールスレターの公開までのステップメールの内容です。実際はもっと細かく書いて、修正やカスタマイズをしていきますが、大まかな流れは以上になります。

ＬＩＮＥでセールスする（セールスレター公開まで）

ＬＩＮＥシナリオとは

次に、ＬＩＮＥの場合についても説明していきます。ステップメール同様、バックエンドのセールスレター公開までの流れです。

ＬＩＮＥにもステップメールのような機能があります。ＬＩＮＥ公式アカウントを使っていれば誰でも使えるものです。

ステップメールと同じようにＬＩＮＥのステップ配信を活用して、見込み客との間の信頼度をアップさせます。配信何日目にどんなメッセージ送るのかというのも画面上で設定出来るので、非常に便利です。属性ごとに振り分けも可能。友達すべてに送るのか、またタグをつけた人だけに送るのかなど、汎用性が高いです。さらにリッチメニューでは視覚的な演出ができますので、このステップ配信もぜひ活用してください。

1通目

ＬＩＮＥのステップ配信は５００文字という制限があるので長い文章は送れませんが、コンパクトに必要な内容を書いて送っていきます。

１通目はメールと同じです。無料オファーからプレゼントを渡してアンケートに答えてもらえるように促します。

①御礼とプレゼントのお渡し

具体的には、登録してくれたお礼を書いて、リッチメニューでプレゼントのダウンロードＵＲＬを送ります。リッチメニューで「最初にここをタップしてプレゼントを受け取ってください」とすると、実際のステップ配信とは別ものなので文字数にカウントされません。ダウンロードURLは文字数としても長くなるので、リッチメニューを使えば、文字数の省略にもなります。

②アンケート

アンケートフォームのURLも同じようにリッチメニューで送ってください。

アンケートの内容は、メールの1通目と同じです。プレゼントの感想のほか年齢・性別・都道府県・職業などの情報や、今、興味があることや気がかりなことを書いてもらいます。アンケートはGoogleフォームで無料で作れますが、LINEの場合は、GoogleフォームではなくLINEの返信で構いません。LINEの返信でアンケートに答えてもらうようにしたほうがすぐに集まります。

③次回のメール配信の予告

そして次回の配信時間を記載。LINEも配信の時間指定ができます。最後に次回の内容を簡単に前振りして1通目はおわりです。

2通目

2通目の配信は、基本は1通目の翌日です。2通目も基本的にはメールと同じになります。

①1通目で集まったアンケートの結果

1通目で集まったアンケートの結果を書いて、悩みにフォーカスした内容で配信です。

②プレゼントのダウンロード先URLを再度掲載

1通目で送ったプレゼントのダウンロードURLをリッチメニューに再度記載し、「下のメニューをタップしてください」と書きます。1通目で送ったリッチメニューを見落としてしまった人むけです。

③悩みを解決したときの喜びの声

1通目で集めたアンケートの結果を一部紹介して、さらにまだ書いていない人向けにアンケートの回答を促していきましょう。

次に見込みのお客様の悩みにフォーカスして、それが解決したときの喜びを書いていきます。セールスレターでは、対象者を絞る項目やスリップインでいろいろ箇条書きにして悩みを書きましたが、ここで書くのはそこを参考に悩みをクリアできた時の喜びが想像できるような内容です。

④次回配信の予告

次回の予告では「次回はこれらの悩みを解決するような方法をお届けします」と翌日の配信時間を書きます。

SNSをやってる場合はフォローを促します。LINEではSNSのリンクをタップしたときにうまく画面が切り替わらない場合がありますので、一番下に1つか2つ「インスタやってます」とか「Twitterやってます」と書くだけでもいいかもしれません。

●●● 3通目

3通目もメールと同じ内容です。次の4通目まで基本的にLINEとメールは同じ内容になりますが、ただ最初に伝えたようにLINEは文字数に制限があるので、伝わるようにうまく言葉を選んで短く書くようにしてください。

①自己紹介

挫折から成功ストーリーを記載し、見込み客と自分との距離を縮めます。

相手の悩みを解決する方法としてこのバックエンド商品が最適であるのはなぜか、という理由を自分の体験やお客様の感想から抽出して書いていくといいです。

②次回予告とアンケートのオファー

最後の予告では「次回はその詳しい中身ついてもお話しします」と締めます。アンケートのオファーもしますが、1通目とは違った新しいアンケートを設けるのも効果的です。悩みを募集したり、今期待していることやマニュアルへの期待などの質問、悩みを解決できたら何をしたいのかなど、ここでアンケートとして拾い、その後のステップ配信のカスタマイズのときに役立てます。

LINEシナリオは短く簡潔にしながら相手に伝えるのですが、これが意外に難しいのです。何回かやってみて、ぜひコツをつかんでください。

LINEの場合は絵文字も送れます。絵文字もちょこちょこ付けると親近感がわきますし、フレンドリーな感じになりますので、使ってみるのもオススメです。

4通目

4通目は、メールの4通目と同じ内容です。

①バックエンド商品の概要

バックエンド商品の概要を記載して期待値を高めます。目次などは、画像にしてリッチメニューにすると文字数の省略になり、内容も伝えることが可能です。

②募集日時の予告で「期限」「個数」を限定する

募集日時は「明日から4日間で限定30個」のように記載して発表します。ここでバックエンド商品の売り上げのためにできることとして「期間」「価格」「個数」の3つの限定のうちの2つを限定します。価格についてはここではまだ触れません。

予告で「明日のLINEで詳細をつたえるので、必ず読んでください」という締めくくりでこの日の配信は終わりです。

LINEもメールも、バックエンド商品を紹介するまでの過程は、ほとんど同じ。リッチメニューを使ったり、短い文章でどう伝えるのかを工夫し、自分自身でいろいろカスタマイズしながらやるようにしてください。

セールスレターを公開する

5通目（メール・LINE共通）

ここからはメール、LINE共通なのでまとめて伝えていきます。セールスレターを公開してそのあとの流れについてになります。

①セールスレターを公開する

5通目ではバックエンドのセールスレターを公開します。非常にシンプルです。「お待たせしました。いよいよ渾身の商品を公開します。こちらをご覧ください」「あなたの行動を待っています。じっくりご覧ください」などと書きます。

この5通目を配信する目的はセールスレターを読んでもらうことにあるので、文章はこれまでのように長々とは書きません。セールスレターを読むことにのみ集中してもらうため、配信そのものはシンプルな内容にします。大切なのは「あなたの行動を待っています。じっくりご覧ください」という一言です。

②ステップ配信をここまで読んでいただけたことへの御礼

この5通目で一応セールスの本番にたどり着けたので「最後まで読んでくれてありがとうございました」というお礼をして締めくくってください。

4通目までの文章が長かった分、シンプルにした短い文章を送ると逆に目立ちます。そうなると読者である見込みのお客様は気になるので、どのような内容なのかセールスレターを思わずクリックしたくなるのです。

LINEの場合はセールスレターをリッチメニューにすることもできますが、セールスレターの場合はそれをせず、ここはURLだけで送ってください。翌日6通目以降にはリッチメニューに設定してもいいのですが、最初は文章とURLだけの方が見込み客にとっても目新しく写るので、興味を引くことができると思います。

6通目（メール・LINE共通）

6通目では、セールスレターを読んでもらえたのかどうか、の確認と、これまでに届いている質問に答えます。またここではバックエンド商品につけている特典についても説明してください。

①「セールスレターは読んでくれましたか」

具体的には「昨日公開した私からのお手紙は見てくれましたか」と確認をします。

②質問に答える

セールスレターにのせた「よくある質問」を参照しつつ、5通目までに集まっているアンケートの返信、メールやLINEのにきている質問に答えていきます。「こんな質問をいただきましたので、お答えしていきます」として答えていきます。

③特典の紹介

次にこのバックエンド商品につける特典を紹介です。「期間」「個数」「価格」の3つの限定の上に、さらに「特典」があると「お得だから購入しよう」という動機付けにもなり、売り上げがアップします。特典内容は詳しく記載してください。

具体的には「お知らせです。この商品の特典です」と書きます。

続いて、行動することで、どんな未来が待っているのか、どんな風に変わっていけるのか、を説明していきます。

④質問・疑問の募集

5通目までのでメールやLINEと同じように、いつも通り質問や疑問の募集です。「分からないことや、悩んでること、質問があればこのメールに返信してください」とし、LINEだったら「LINEの返信で構いませんので送ってください」とします。

ここでくる質問や疑問は、購入をするかしないかで迷っている人たちから来るものです。ひとつひとつチェックして、それぞれ質問に直接の返信で答えていきます。手間はかかりますが、直接返すと成約につながりやすいです。いちいち別のGoogleフォームなどに移動して入力してもらうと、時間がかかり購入意欲も薄れてしまう可能性があります。直接、送ってもらうようにしてください。

7通目（メール・LINE共通）

最後は想いを伝えます。

①セールスレターのURL

セールスレターのURLを再度、記載します。

②購入してくれたの人の声

バックエンド商品を既に購入してくれた人の声があれば、ここで記載してください。

③熱い想いを伝え行動を促す

「あなたが行動をおこすのであれば、私が全力でサポートします。任せてください」と、購入後も信頼して任せてもらえるように、こちらの想いを伝えます。セールスレターの追伸にある文章をアレンジして、自分の想いをのせていきましょう。

④今後の配信について

ここまでで無料オファーから7日間続いたステップメール、ステップ配信は一通り終わりです。

最後にこの後も都度配信をしていく旨を伝えます。「今後もあなたのために価値ある情報が入ったら連絡します」「不定期にはなりますが配信することがありますので、ご了承ください」もしくは「楽しみにしていてください」など書いておきましょう。

解除リンクもいれます。「今後の配信はいらないという人はこちらから解除してください」とします。

ステップメール、ステップ配信でのセールスは以上です。私の経験上、この内容で書いていくと一番成約率が高くなります。ぜひこの通り作っていただき、あとはそれぞれのお客様の属性や自分のブランディングのテイストに応じて書き換えてください。ベースは今のやり方で全く問題ありません。

セールスレターを公開する際の注意点

・レスポンシブ対応にする

セールスレターを公開する際の注意点です。LINEからの誘導でセールスレターを見る場合は、ほとんどどん場合がスマートフォンで見ています。メールからの誘導の場合は、スマホもいますがパソコンで見る人も多いです。今はサイトのほとんどがレスポンシブになっていて、パソコンもスマートフォンもタブレットも表示される領域がすべて最適化されます。レスポンシブ対応になっているかどうか確認してください。

・セキュリティー対応のサイトにする

セキュリティ対応のサイトにすることがも大事です。ドメインをhttpsで作るようにしてください。特にスマートフォンでhttpのサイトを見ると、「セキュリティで保護されてません」という表示が出てくるので、そうなるとその時点で申し込み率が極端に下がってしまいます。

サーバーによってこのセキュリティ対応が無料だったり有料だったりですが、私が一般的に使ってるサーバー「エックスサーバー」はhttpsが無料で作れます。

・アクセス解析を入れる

セールスレターに入れるべき解析ツールは、アクセス解析です。エキスパの姉妹サイトのサイポンで作ればクリック測定もできます。LINEでもアクセス解析はいれることができますので確認してください。

アクセス解析では、1日に何人の人がセールスレターを訪問したのかがわかります。何日間で何人訪問していくらの売り上げがあるのか計測して成約率を算出し、精度を高めましょう。

・「今すぐクリックしてください」

セールスレターを公開して、そのURLをメールやLINEに貼り付けますが、そこに「今すぐクリックして確認してください」「今すぐご覧ください」「今すぐチェックしてください」のような文言を入れます。「今すぐクリック」という言葉を、メールもしくはLINEの中に入れるだけで、クリック率がコンマ単位で数%変わるのです。一言入れるだけで「今すぐクリックしなきゃ」と思う人が出てくるというあらわれですので、すこしテクニカルな話になりますが、ぜひ反映させてください。

募集の締め切り方と煽り方

最も売れる募集の締め切り方

募集の締め切り方と煽り方について解説します。

無料オファーからのバックエンドのセールスを行う場合は、募集をはじめたあと、それをいつ締め切るのかがとても大事です。その際には募集を締め切るクロージング術で購入を促します。

・期間が迫っていることを伝える

期間を限定して締め切る場合は「販売終了の期間が迫っています。あと○日で終わりです」とします。

・人数が少なくなっていることを伝える

人数の限定で締め切る場合は「先着30名で残り6人です」とします。

・価格がまもなく値上げされることを伝える

価格の限定で締め切る場合は「今、限定価格で販売しています。元々は6万円ですが今だけ1万9800円です。この価格での販売はまもなく終了します」とします。このような限定価格での販売の場合は、既に伝えているように二重価格を避けるため正規の価格で売っているページも別に作るようにしてください。

・特典がなくなることを伝える

特典で締め切る場合は「特典3つのうち、あと1つになりましたのでお急ぎください」というように、少しづつ限定を狭めて締め切りをつくっていきます。

このように、限定をそれぞれ徐々に削っていくうちに、売り上げが上がっていきます。これは募集の締め切り方としてはテクニカルな方法ですが、ぜひ覚えておいてください。

背中を押すクロージング術

「販売最終日が迫っています」「個数がなくなります」「特典もまもなくなくなってしまう」などの募集を締め切るクロージング術の他に「背中を押すクロージング」も大切です。

ほとんどの人は悩むだけ悩んで、購入はしません。悩んで購入しないので、そこをいかに行動してもらえるようにするのかが背中を押すクロージングのカギになります。

私たちは何かモノを購入しようと思う瞬間に自分から一歩踏み出して行動を起こすわけです。買おうと決めれば、あとは何も考えずにレジに向かいます。コンビニ、家電量販店、ブティックなど、どこで買い物をするときにでもそうだと思うのですが、買おうと決めたらスパンと気持ちが切り替わります。でも買うと決めるまでに、悩むのです。「これ本当はいらないのではないか」「本当に着るのかな、使うのかな」と考えて迷ってしまいます。

悩んでいる人に購入するタイミングはいつ来るのか。それは自分の中で落とし込むことができたときです。

ここで購入に至る決め手になる文言は「あなたは一人ではない」です。

例えばですが、こんな風に背中を押してあげてみてください。

「たくさんの人が購入してくれてます」「買った人はこんな成果が出ています」「私がついてサポートしていきます」と、購入者や利用者のアンケート、感想を紹介し、サポートしてもらえることがわかれば読んでくれた人は不安な気持ちを払拭できます。

最後は「行動しなければ未来は変わりません」と伝えます。行動しないと変わらないし、もし逆に行動しなかった場合はどんなことになるのかまで伝えると効果的です。ここでいう「行動」は、申し込みをして購入することを意味しています。

背中を押すクロージング術として、もうひとつ紹介したいのは、1日あたりどれぐらいの自己投資額になるのかを伝えてお得感を感じてもらう方法です。

そもそも数万円に価格設定しているバックエンド商品ですから、決して安いものではありません。しかしそんな高額商品でも1日に換算すると割安感が出ます。1日の自己投資額を算出すると意外にも数百円になるケースがほとんど。それが一生分手に入ると考えればプライスレスです。

迷っている人の背中を押す意味では「1日あたりに換算して数百円の自己投資すらできないんだったら、未来なんて変わりませんよね」「何よりも今が決断のとき。人生の分岐点です。この大切な時をあっさり過ぎ去ってしまっていいのですか。すこしは考えた方がいいです」などと少々強く言ってもいいと思います。

購入完了直後が最も意欲が高い

購入完了直後は、購買意欲が最も高まっている時です。アップセルをする場合は、購入完了画面にそのオファーを持ってくると成約率は最大化します。

「購入いただいた商品でも十分ですが、さらに効果的にやりたい人に朗報です」と効率よく結果を出したい人向けに、ツールやサービス、コンサルティングなどのアップセルを用意しておきましょう。たくさんの反応がもらえます。

バックエンド商品の成約率・顧客満足度を高めよう

SECTION 01

セールスレターは完成してからが勝負

セールスレターは常に進化させる

無料オファーからプレゼントをお渡しして見込み客を集め、そこからステップメールやLINEを経由してその見込み客に向けてセールスレターが公開されました。ここまでの過程ですべてのセールスが終わって、一通りは売り上げの結果が出ると思います。しかし、せっかくここまで売り上げを立ててきたのに、ここで立ち止まっているだけではその先の成約率は伸びません。

セールスレターを公開すると、設定しているアクセス解析で見にきてくれた人が何人いて何個売れたのかが測定できます。そのアクセスに対しての数字から、いろいろ改善点を見つけて、セールスレターの修正を重ねていくことが大切です。

アクセス数に対して成約した割合、いわゆるコンバージョンが最初からいきなり10%も出たのであればそのままで構いません。10%ともなれば、アクセスの質も良いし、見込み客の質も良いからです。ステップメールやLINEのステップ配信で見込み客に届けた教育ステップも発動されていて、お客様自身に「自分ごと」として落とし込まれているということになります。ここで変にいじると成約率が落ちる可能性がありますので、セールスレターはそのままにしてください。

アクセス解析をチェックする

とはいえ、最初からそんなに高いコンバージョンが出ることは稀です。ここではどういうところを修正していけばいいのか、というポイントについて説明します。

まずは、アクセス解析についてです。すでにセールスレターにはアクセス解析を実装してもらっていると思いますが、そのデータを見ながら実際に修正をしていきます。修正はデータの結果にのってきた数字を根拠におこなうのが鉄則です。自分の思いつきや勘での修正は絶対やめてください。データの結果に基づいて修正していかないと、途中で迷いがでたときに悩むばかりです。必ず数値をもとに修正するようにしていきましょう。

アクセス解析は無料版でも有料版でもどちらでも構いませんが、Ｇｏｏｇｌｅサーチコンソール、Ｇｏｏｇｌｅアナリティクスは無料で使えますので、これが今は一番オススメです。詳細なところまで数値化されているので、使いやすいと思います。

ポイントは滞在時間・ランディング・デバイスの３つ

アクセス解析で何を見ればいいのかを説明します。

アクセス解析ではいろいろなことがわかるのですが、今回の場合のポイントは３つ。①滞在時間②ランディング③デバイスです。この３つのポイントだけ見てもらえれば十分といえます。

セールスレターは1枚物のページなので、そのページに何秒滞在してどのくらい読まれたのか（滞在時間）。どこからセールスレターに来てくれたのか、SNSからなのか、ステップメールやLINEからなのか、広告からなのか（ランディング）。来てくれた人はどのデバイスで見ているのか。つまりスマートフォンで見ているのか、パソコンで見ているのか、タブレットで見ているのか（デバイス）。この3つを把握しながら修正していきます。

①滞在時間

滞在時間でわかるのは、セールスレターの読まれ具合です。どこまで読んでもらえたのか、ページの上から何行目くらいまで読まれたのかも、知ることができます。

筆者のセールスレターの滞在時間

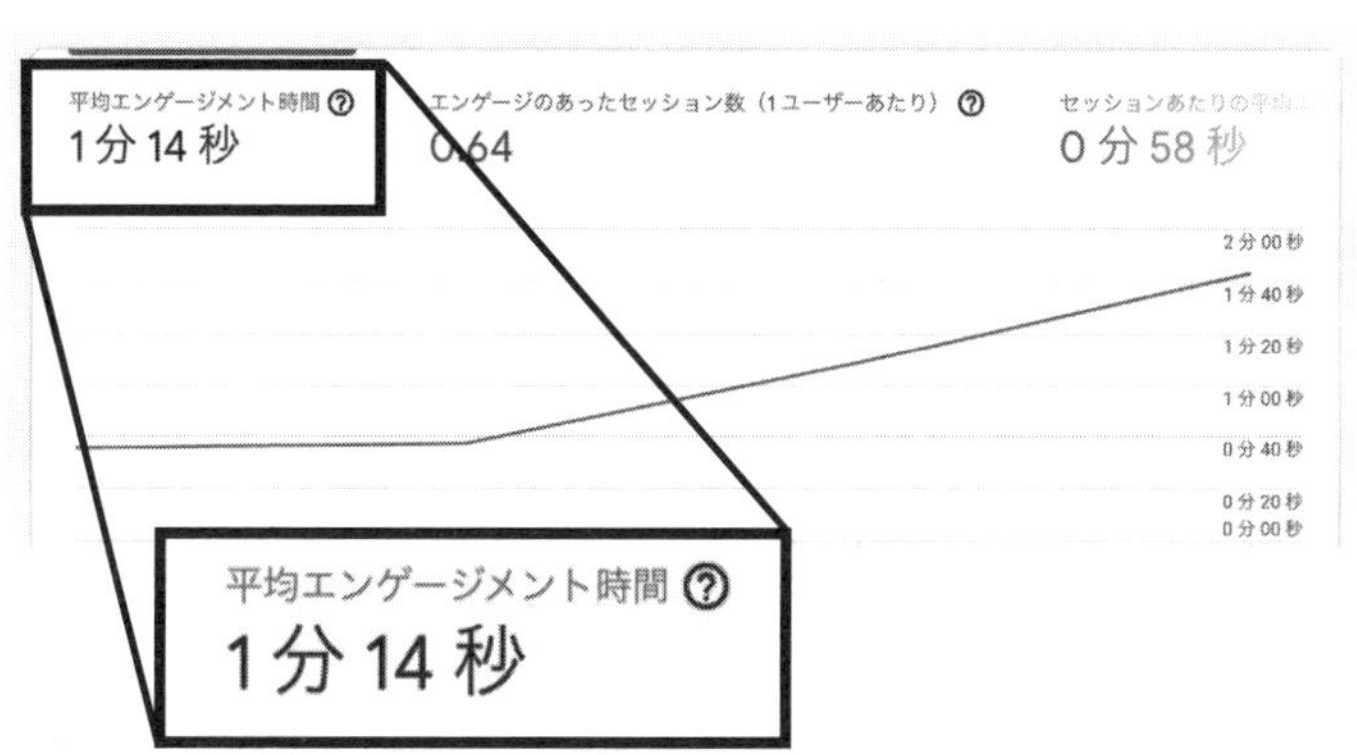

実際に私のセールスレターのデータでみるとGoogleアナリティクスで表示されている訪問者の平均滞在時間は1分14秒です。

滞在時間は1分以上が合格点の目安となります。縦にスクロールしながら流し読みしていった場合、1分あればかなり読み進められると思います。自分でも1分を測りながらセールスレターを読んでみるとどのあたりまで読めるが確認できますので、やってみてください。

滞在時間は平均値です。アクセスしてくれても「これは必要ないな」という人はすぐに離脱していますし、最後まで読んでくれている人もいます。その滞在時間の平均値なので、だいたい1分前後と考えるのが妥当です。

②ランディング

どこからきたのかがわかるのがランディングです。Googleアナリティクスで確認します。ランディングというのは着陸、着地するという意味です。セールスページにたどり着くきっかけになったページがわかります。

私のアナリティクスのデータを見ながら解説します。「direct」というのは直接リンクです。ステップメールやステップ配信のLINEなどに載せたリンクURLからの流入になります。「m.facebook.com」はFacebook、「mochizukikousei.com」は私のオフィシャルサイト、「youtube.com」はYoutubeからです。自分の運用しているソーシャルメディアのどの媒体でどのくらいの反応があるかが一目瞭然になります。

「t.co」とは短縮URLです。URLを短縮できるツールで生成した短いURLですが、もしも自分で作っていない場合は、誰かがその短縮リンク作ってどこかに貼ってくれた、と考えられます。

広告を入れている場合は、どの広告から

筆者のセールスレターのランディング元

検索...　1ページあたりの行数: 10　移動: 1　1〜10/30

	セッション参照元 / メディア	ユーザー	セッション	エンゲージのあ...	セッション
	合計	2,259 全体の 100%	3,173 全体の 100%	1,191 全体の 100%	0 分 平均と
1	(direct) / (none)	1,151	1,532	655	0 分
2	(not set) / (not set)	438	569	1	0 分
3	m.facebook.com / referral	320	338	161	0 分
4	mochizukikousei.com / referral	73	105	55	0 分
5	t.co / referral	71	91	41	0 分
6	l.facebook.com / referral	62	88	52	0 分
7	hitoriouchi.com / referral	56	113	52	0 分
8	youtube.com / referral	56	83	45	0 分

流入されているのかがわかり、どの広告に費用対効果があるのか、どこに力を入れていけばいいのか、判断することも可能です。

③デバイス

デバイスというのは、端末という意味で、MOBILE（スマートフォン）、DESKTOP（パソコン）、TABLET（タブレット）の種別です。これも写真を見ていただくとわかりますが、モバイルが61％、デスクトップが36％、タブレットが２％となっています。

この場合はモバイルでの閲覧が60％を超えているので、自分もスマートフォンでセールスレターを読んでみて、文字の大きさ

筆者のセールスレターの閲覧デバイス割合

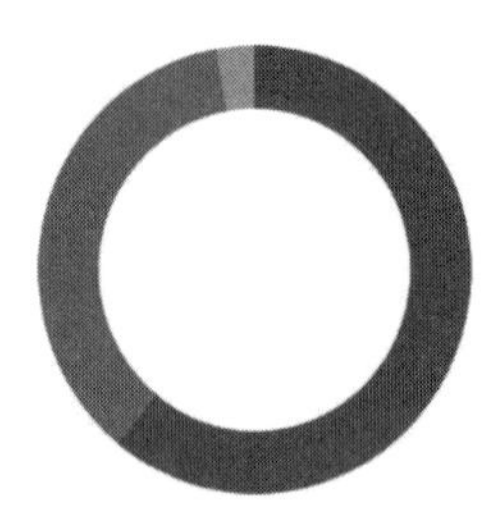

や改行の箇所など、気になるところがないか確認します。あれば、即修正です。

この3つの要素「滞在時間」「ランディング」「デバイス」を考慮して、セールスレターを修正していきます。

このようにしてデータから判断して修正をして、取りこぼしを防ぎます。何度も言いますが、感覚や思い込みでの修正はしないようにしてください。

セールスレターを修正する

売れない理由は4つ

続いて、セールスレターをどのように修正してけばいいか、を説明します。

商品が売れないときに考えられる理由は4つです。4つしかないので、覚えておいてください。

①集客ができていない
②文章が読みづらい
③商品がそもそも魅力的じゃない
④ターゲットが間違っている

先ほども申し上げたとおり、セールスレターの修正をする時には、必ず根拠を持っておこなうのが鉄則になりますので、原因を探ることが大切です。なんとなく文章が読みづらい、なんとなく商品が魅力的に感じられない、など憶測とか想像では修正はしないようにしてください。

ここを踏まえたうえで、この先はその原因と対策を考えていきます。

訪問者が少ない

そもそもアクセス（訪問者）が少なすぎると売れるものも売れません。母数が満たされていないと成約率が出ないので、ある程度のアクセス、例えば１００アクセスくらいは流すようにして様子をみます。ある程度のアクセスがあって売れたか売れてないかをはじめて計測できます。集客できていなければ、どんなにセールスレターが良くても売れませんし、当然セールスレターの良し悪しもわかりません。アクセスを流すのは大前提になります。

１日で１００アクセス流せればいいのですが、まだそれができない場合には２〜３

日にかけてもいいです。ただし1週間や1ヶ月で100アクセス集めてというのは、データの根拠として薄くなってしまいますので、そこは考えてもっとたくさんアクセスを流せるような工夫や努力をしていきましょう。

まだ自力でアクセスを流すことができないようであれば、広告を使うのも一つの手です。成約率は若干落ちますけれども、広告を使って、無料オファーのLPにアクセスを流してください。無料プレゼントから信頼を積み重ねていって、自分のことを知ってもらいニーズを引きだして、そこからセールスレターを紹介するという流れです。これは本書でここまでの章で伝えてきた手法になります。まちがっても広告からいきなりセールスレターに流さないでください。信頼も関係性もない人の広告からいきなりセールスレターに誘導されて、そこですぐにバックエンド商品を買ってくれるわけはないのです。

滞在時間が短い

滞在時間の長短は集まってきた見込み客リストの濃さにもよります。もともとの読者やフォロワーは既に信頼関係もあり、ファンになってくれている可能性があるので滞在時間は伸びるのですが、広告で集めたリストや読者、フォロワーになってまだもない場合は、信頼関係が出来上がっていないので、滞在時間は短くなる傾向です。

セールスレターには様々なところからの流入がありますが、それでもやはり平均で1分前後の滞在してくれるような状態を目指してください。1分以上あるのが理想的。3分よりも長い時間滞在してくれるというのは、相当きちんと読んでくれているということです。

滞在時間が数秒、十数秒の場合は、セールスレターのキャッチコピーやエビデンス、スリップインあたりが弱くて離脱されていると考えられます。その場合は、冒頭の要素を見直してください。

滞在時間が短い原因の一つは、そもそも属性があっていない、全然興味のない人たちにセールスレターのURLを送ってしまっているケースです。その対処はリストを取得した後にもらうアンケートの回答や感想で属性を把握することからはじめます。

そもそも滞在時間が短いということは、セールスレターの内容に興味がないということのあらわれです。その属性やターゲットに興味を持ってもらえるように、キャッチコピーを変えるか、もしくは違う属性やターゲットのリストを集め直す、という対策を講じます。

いずれにしてもセールスレターは縦スクロールしながら読みすすめていくので、自然と滞在時間は長くなるはずです。セールスレターからすぐに購入するという場合でも、スクロールして購入ボタンにまでいきつかなければなりません。そう考えると冒頭のキャッチコピーでどのくらい興味を持ってもらえるかが勝負です。3秒間滞在させるためのキャッチコピー作りが大切な理由はここにあります。

購入率が低い

購入率が低い理由のひとつが、購入ボタンが目立たないケースです。ボタンがどこにあるのかわかりにくいと購入率は当然下がります。なので、ボタンは「お申し込みはこちらをクリック」といれて赤いボタン、いわゆるベタなボタンが間違いないです。

それがたとえセンスとしてはよくないものであったとしても、私の経験上、それが一番成約率が高い結果となっています。これは自分で試してもらっても構いません。
また購入ボタンの数が少ないのもひとつの理由として考えられます。購入ボタンは、セールスレターの要所に定期的に数個は必ず配置してください。1個だけだと、申し込む時にそのボタンの位置を探しながら戻ることになり手間をかけさせてしまいます。申し込みをする時に手間が多いとページから離脱されやすいので注意が必要です。

セールスレターに載っている情報がわかりづらい、キャンセル規定がわからない、という理由も考えられます。申し込み直前の離脱につながりますので、お客様が購入する時に抱く悩みや不安を取り除けるように、想定できる不安や質問はすべて記載しておきましょう。申し込み画面のボタンの前後には「申し込み後、このような案内が届きます」と書いてあるだけでも購入率は上がります。

欲しいけれども高額なので買えない、手が出ないという理由で購入率が低いのであれば、クレジットカードの分割払いを導入してください。ＱＲコードを含め、多種多様な決済方法を用意します。銀行振込みやクレジット分割のほか、多様なカードブランドに対応していればしているほど、購入率は上がります。

よくある質問の内容や数に不足がある場合も、なかなか購入には結びつきません。その場合は、無料オファーからバックエンド商品のセールスに移行するステップメールやLINEで募集したアンケートの回答を参考に「よくある質問」に加筆します。

また、背中を押しきれていないのも理由のひとつです。買うかどうしようか、散々迷って、セールスレターの最後までたどり着いた人が、最後の追伸の文章を読んだ時に、決心できなければ購入には至りません。追伸はどれだけ長くてもいいので、自分の言葉で訴えかけていきましょう。「一歩踏み出して、行動することが大事です」「行動したことによってあなたの未来はかわります」など、自分の経験や既に購入いただいたお客様の姿を元に、見込み客がイメージができるように書いてください。追伸の下にも購入ボタンは、忘れずに入れるようにします。

顧客属性ごとに異なる商品をセールスしよう

ダウンセルのやり方と注意点

ここからは顧客属性ごとに異なる商品をセールスしようというテーマですが、その意味するところは、ダウンセルも同時にしていこうという話です。バックエンド商品をセールスした時には当然、購入しなかった人たちもいます。ダウンセルはその人たちにむけてバックエンド商品より価格の安い商品をセールスするやり方です。これは売上アップのためには必須なので、ぜひ覚えてください。

ダウンセルは、バックエンド商品のお試し版や廉価版、簡易版のようなものです。バックエンドより安く提供します。商品としては、バックエンド商品の魅力を維持しつつも、価格を抑えた内容にするので、購入率がちょっと上がるわけです。「ちょっと」というのは、バックエンド商品のターゲットには変わりないけれど、正規の商品は高くて買えない、手が出ない、欲しいけど高くて買えないという人たちにリーチした内容なので、爆発的に売れるというよりも、取りこぼしを防ぐような形になります。

ダウンセルを購入した人には、差額で通常のバックエンド商品を売るというやり方もできます。そのときは高くて買えないので廉価版にしたけれど、利用してみてよかったので、もう半額だしてバックエンドの内容にしたい、という場合です。結局こちらとしては売上につながりますので、それもやってみることをお勧めします。

ただし注意点として、バックエンドを購入した人にダウンセルするのはダメです。「なんだ、安いのもあるのか」と思われてしまいます。購入していない人だけにダウンセル商品のセールスができるよう、ステップメール等でシナリオを分岐させるのを忘れないください。

クロスセルのやり方と注意点

クロスセルというのはバックエンド商品に似たような商品、同じような価格帯の似たような商品をセールスするという意味です。クロスセルは顧客属性にこだわらずに販売して構いません。つまり、バックエンドの商品を買った人にも買わなかった人にもどちらにもセールスしていい商品です。バックエンド商品には魅力を感じなかったお客様も、もしかしたらクロスセルであれば響く可能性もあります。クロスセルはバックエンド商品に似ているけれども、商品はまったく違うものです。自分のコンテンツである必要はなく、他社の販売する商品をクロスセルとして扱い、アフィリエイト報酬を得る形式もとれます。

クロスセルに適した期間ですが、バックエンド商品購入者へのセールスは購入から半月から1ヶ月後、未購入の人には、すぐにでもはじめてください。

はじめの一週間ぐらいはいろいろな情報を配信しながら徐々にクロスセル商品を紹介していくのがいいと思います。見込みのお客様に配信するメールテキストやLINEテキストは販売元で用意してもらってもいいですし、Zoomを使って販売者と一緒にセミナーのようなものを開催して紹介してみるのも効果的です。自分がナビゲーターとしてその販売者のノウハウを紹介する流れでいくといいかなと思います。

アップセルのやり方と注意点

アップセルはバックエンド商品よりも高額な商品です。販売するのは、意欲の高まっている購入完了直後が理想的。ただし注意して欲しいのは、バックエンド商品の購入完了画面は成約率は高くなるけれど、クレームになる可能性もあります。

アップセルは、必ずしもたくさんの人に購入してもらう必要はありません。本当にロイヤルティのある間柄か、自分に価値を見出してくれている人が購入してくれるような商品です。アップセルの商品は人間関係の密度がモノをいう商品、もしくは、バックエンド商品だけでも十分だけどプラスすることでより早く効果が出る商品が適切です。

価格はバックエンドの3倍くらいで設定します。3万円がバックエンド商品だとしたら10万円です。もっと高いものもありますが相場はそのくらいで考えます。でも決まりはないので、1万円のバックエンドのアップセルは5万円、もしくは10万円という設定でも問題はありません。そのぐらいの価値を提供できるものが理想かなと考えています。

ファイナルバックエンドのやり方と注意点

ファイナルバックエンドとは文字通り、ファイナルなバックエンド商品のことです。アップセルを指すこともありますが、バックエンドの上位にアップセルがあり、さらにその上のバックエンド商品をファイナルバックエンドと呼ぶことがあります。

要はファイナルを飾るほどの超高額商品です。個別プロデュースやマンツーマンのコンサルティングなど、そういった形態のサービスがよくあります。価格は通常のバックエンド商品の10倍ぐらいが目安です。コンサルティングであれば労働の費用対価がかかりますので30万円、場合によっては100万円の価格がつく商品になることもありえます。当然、高額なのでセールスレターには成果保証や返金保証といった項目もつけるといいです。

購入したお客様にとって一番のメリットは、あなたとの人間関係の構築になります。そこが一番の売りの商品です。

自分でファイナルバックエンドを作るときの考え方ですが、限定人数は1人でも2

人でもいいですし、仮に全然売れなくても構いません。「ファイナルバックエンド200万円です」とすれば、自分のブランディングにつながります。ただ、売れるか売れないかはわかりませんので、その売り上げをあてにはできませんが、作っておくのは大事です。

そのときは売れなくても、いずれあなたのファイナルバックエンドも売れていく時がやってきます。なのでいまから定期的にやっておいて損はないです。売り出すときは、「今だけ」とか「今しかない」と限定の演出をして一つでも売れるような工夫くらいはしておきましょう。

ファイナルバックエンドは、強力な武器であり、売上ツールになりえます。ですが、やり方を間違えると逆効果になる場合もありますので注意してください。

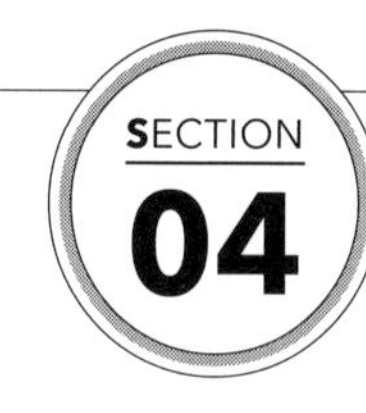

顧客満足度を高めよう

カスタマーサポートで8割が決まる

ここまで伝えてきた販売戦略は、先生業や講師業・コンサルティング業の人たちが売れ続けて安定した収益をアップさせるためのやり方です。バックエンド商品の数をたくさん作り、どのようにしてお客様に提供していくのか、さらにはクロスセルでお客様に良い商品とサービスを提供し続けられるのかで、ＬＴＶ（顧客生涯価値）を高めていくまでの過程を詳細に伝えてきました。

はじめたばかりの頃はあれほど力を入れなければならなかった集客も、この手順で進めてＬＴＶを高めていくほど次第にラクになっていきます。この先も集客は続けていくことは変わりはないのですが、集客するための広告費用にお金をかけることが少なくなった分、他のところでお金も使えるし、時間も掛けられるようになれるのです。

では、この時点から私たちができることは何か、という話にはいります。ここで是非取り組んで欲しいのは、顧客満足度を高めることです。購入いただいたあとで顧客満足度が高まると、そのお客様は次々に出る新しい商品やサービスを再び買ってくれます。

この顧客満足度はカスタマーサポートで8割が決まります。カスタマーサポートとは、購入者に対してのサポートです。きめ細やかなサポートで満足度が決まるのですが、ここだけの話、ある種、こちらで演出ができるのをご存知でしょうか。それも自動化できるのです。なので、今から話すことをぜひやってください。

・カスタマーサポートを自動化する

まずはカスタマーフォローです。無料オファーから商品のセールスまでステップメールで自動化しましたが、今度はバックエンドの購入者対してもステップメールを作ります。

最初は、まずステップメールを4~5通ぐらい組んで手厚くフォローです。「フォローしてくれてる」と思ってもらえるだけでも、顧客満足度は上向きになります。具体的な例でステップメールの内容を説明していきましょう。

1通目で「商品は無事ダウンロードできましたでしょうか」「もし分からないことがあればいつでも気軽にご相談ください」などをメールで送れば、これでフォローアップ完了です。

2通目3通目では特典などを順次送ります。これができるのとできないのとでは、お客様の反応は大違いです。なので、ぜひこのフォローためのステップメールも組んでもらえれば、と思います。

サポートの際に気をつけて欲しいのは、実際に質問がきたときの返事についてです。事務的な言葉でメールは送らないようにしてください。片手間にしたり、投げやりな言葉であってはダメです。そもそも購入してくれたお客さまは、一番手厚くするべき人たちという意識をもって、簡単な回答であったにしても、相手を気遣う文言は必ず入れてください。

サポートメールを送る場合には、会社名や○○事務局などの団体名だけではなく、「○○事務局の望月です」のようにメールの返信を担当した人物の名前も入れるようにします。一人社長の場合は自分の名前、スタッフがいる場合は同様に個人の名前を名乗らせましょう。お客様も「自分にきちんと関わってもらえている」という気持ちになれるはずです。

商品をバージョンアップさせる

他に顧客満足度を上げる方法としては、商品を定期的にバージョンアップさせるのも有効です。これはバックエンド商品で出したマニュアルやノウハウ動画を定期的にバージョンアップし、それを購入してくれた人に無料配布します。何回もそれをやっていまうと、こちらにも負担になってしまいますが、1回は無料で、2回目からディスカウントという形で販売するといいかもしれません。

お客様はほったらかしにされるのが一番嫌です。無視されるとか、ほったらかしにされるとか、雑に扱われるとか、そういったことを一番嫌います。

でももしもバージョンアップ版を無料でもらえたら、自分だったらどうでしょうか。「そんなことまでしてくれるんだ。早速バージョンアップしたものを届けてくれるんだ」と、自分のことを大切にしてもらえるような気もして、ちょっと嬉しくなるはずです。

商品のバージョンアップしたときには、その内容をバックエンド商品のセールスレターにも加筆し、精度を上げます。

購入者の期待を良い意味で裏切るプラスワンの考え方

「釣った魚にはちゃんと餌をあげまくる」ではありませんが、このプラスワンの考え方は、次のバックエンドが売れるようになるための必要な心がけと行動です。購入者の期待をいい意味で裏切るプラスワンがあると、顧客満足度は一気にグンと高まります。追加コンテンツやバージョンアップしたものを提供するこの「プラスワン」という考えは、今後のビジネスの発展のためにも、ぜひ覚えておいてください。

バックエンドは存在しない。常にフロントという考え方

ここまできてもう既にあなたは気付いているかもしれませんが、結局のところ「バックエンド商品」というのは、最後にある商品ではないのです。バックエンドの後ろに、またバックエンドがあり、その後ろにも・・・とどんどんつながっています。なので、バックエンドは存在しない。常にフロントを扱っているという考え方です。

フロントエンド商品を常に扱っていると考えれば、サポートも充実するし、ひとつひとつぞんざいに返してはいけないな、という気持ちにもなれます。ＬＴＶ（顧客生涯価値）を高めるためにやっていくことですので、これはとても大切な考え方です。

ビジネスの売れる仕組み作りにおいては「バックエンドは存在しない。常にフロントである」と肝に銘じて取り組んでください。これを続けていくことができれば、売り上げは安定します。私がこのやり方で十数年も売り上げを伸ばし続けていることがその証拠です。

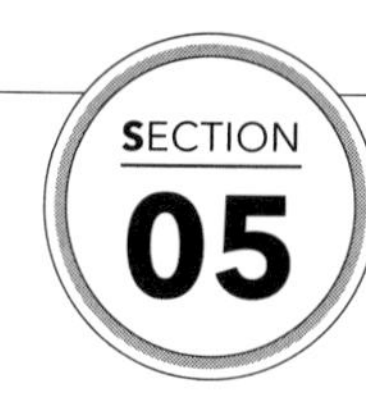

売り上げにつながるクレーム対策テクニック

クレームには2種類ある

最後にクレーム対策テクニックについてです。

クレームは、対応によってその後の売り上げに影響します。私もここまで長くやってきて様々なクレームがありました。本書の最後では、売り上げを伸ばし続けていくために必ず抑えておきたいクレーム対応のポイントを解説します。

クレームは「期待値の裏返しで起こるクレーム」と「嫌がらせのためのクレーム」の2種類に分かれます。

まずは「期待値の裏返しで起こるクレーム」についてです。「いい商品だと思って買ったのに残念だった」というもの。無料オファーからずっとついてきてくれている人で「無料プレゼントもいいし、メールもいいし。それならこの商品もいいだろうなあと思えたから買ったのに」という、高まった期待からの裏返しです。

「単純に嫌がらせしたいだけのクレーム」は、その言葉の通り。ただの嫌がらせです。嫌がらせをするタイプの人は、その多くが同業者やネガティブな人、暇な人たちなので放っておきましょう。

クレームが来たら、まずはこのうちのどちらのクレームなのかを見極めてください。期待の裏返しできたクレームの場合は、誠意をもって対応すれば売り上げにつながります。なので丁寧な関わりを心がけることです。嫌がらせをしたいだけのクレーマーだった場合の対策は後述します。

クレームが来た時のベスト対応とは

・すぐに対応する

クレームが来たときは、すぐに対応します。感情的になってはダメです。返信までに日数をかけてしまうのはよくありません。怒りを倍増させてしまいます。調査に時間がかかってすぐに対応できない場合には、まずはお詫びをいれてからその旨を伝え「○日までにご連絡いたします」と返信をしましょう。たとえ一時的に「すぐに対応もできないのか、コイツ」って思われていても、それだけで怒りは10〜20％くらいはおさまるはずです。

・まずは謝る

クレーム対応で最初にするのは謝ることです。まず「不快な思いをさせてしまった」ということについて謝ってください。ミスがあったとか、瑕疵があったとかについては、調査後の話です。

当然ですができるだけ丁寧な言葉で謝罪します。「この度は○○様のお気持ちを不快な思いにさせてしまい、誠に申し訳ございませんでした。いただいた内容に関してはすぐに責任者に確認して、○日までにご回答させていただきます」とします。

・「できかねます」は使わない

これは人によるのかも知れませんが、個人的な感覚では「できかねます」という言葉は、お客様のサポートをする場面では使わないようにしています。たしかに「～するのは難しい」「～するのは困難だ」を丁寧に言い換えると「できかねます」という言葉になるのですが、そもそもお客様を前にして「できません」と言うのはいかがなものかと思っているからです。

依頼されて引き受けられない場合は、まずはできないことについてお詫びをし、できない理由を伝えたほうが、お客様にも納得していただけます。「できかねます」よりも「申し訳ありません。〇〇〇〇なのでどうしてもできないのです」のほうが、よっぽど丁寧だし相手を気遣う思いが伝わります。

・「たらい回し」は論外

クレーム対応でありえないのが「たらい回し」です。これ、実はよくあることなので、本書を手にしている人のなかにも1度や2度、経験されている人もいると思います。私もある大手企業のカスタマーサポートに解約の件で問い合わせをしたときに、あちこちの部署にたらい回しされて、とても嫌な思いをしました。

クレームの対応がその場ですぐにできないことが見込まれた場合には、一度そのクレームを受け付けて、改めて連絡を入れるようにします。特に気をつけて欲しいのは、部署がいくつかにわかれていたり、事務局があちこちにあったりする場合です。たらい回しはクレーム対応でも論外。とにかく気をつけてください。

クレーマーを味方につける方法

クレーマーを味方につけるノウハウもここで伝授していきましょう。私はこれを知ってから、クレーマーに対しても半ば愛情を持つぐらいで接することができるようになりました。なぜなら、クレーマーを味方にできると売り上げにつながるからです。

「可愛さ余って憎さ百倍」という言葉もあるとおりなのかもしれません。

「期待して買ったのに、期待どおりではなくそれ以下だった」というケースは、実はセールスレターの読み違いから生じた思い込みや勘違いだったという場合もあります。

もともとは好感を持っていてくれたのに、商品を買って頭にきてるとなると、それだけ期待をして自分に注目してくれていた、という意味です。ずっと見てくれている人のクレームに対しては、こちらの対応次第で味方になってくれる可能性は大きくあります。

「クレームが怖い」「クレーマーは嫌だ」という気持ちもわからないわけではありません。でもそのクレームを正面から捉え、考えることのほうがよっぽど大切です。

「貴重なご意見ありがとうございます。○○のように対応いたします。完了しましたら、またご連絡いたします」とクレームには素早く丁寧に返信をしていきましょう。

購入しない客はお客様ではない

この自動化の仕組みを作って集客を始めたばかりのころは、「集客できた人はすべてお客様になってくれる」と多くの人が思っているかも知れませんが、実はそうではありません。嫌がらせをしたいだけのクレーマーがまぎれていることもあるのです。

時間は有限ですから、同じ時間を使うのであれば自分をずっと見ていてくれて期待してくれているお客様のために使うほうが有意義です。嫌がらせはブロックして片づけましょう。いちいち付き合わないという姿勢が大事です。購入するつもりもないのにクレームをいれて嫌がらせをしているのに、いつか購入してくれるかもしれない、と勝手なこちらの思い込みで丁寧に対応したところで、全く意味はありません。嫌がらせをしたいクレーマーは、購入しませんのでお客様ではないのです。

特にSNSでクレームを書かれたときは削除しないでください。キャプチャーを撮って画像保存し、削除しないで残しておきます。こちらはあくまで表向きは誠意あるコメントで返してください。しかしそういうクレーマーに限って、誠意でコメントを返しても、さらに盛り上がっていろいろと書かれるものですが、そのときはそのまま放置しておきます。というのも、SNS上にはそのやりとりを見ている人がいて、丁寧に対応していると、それをきっかけに好感を持ってくれる人もいるものです。中には横ヤリで擁護してくれるような想定外のコミュニケーションも生まれますし、自分の信用ポイントにもつながります。

自信を持って商品を提供してるわけですから、変なクレームに動揺せずに堂々とやっていってください。

嫌がらせのクレームは、営業妨害になります。脅迫めいた内容、傷害予告的なものはすぐにキャプチャーして画像保存。そのＳＮＳのクレーム投稿やクレームを寄せてきたメールアドレスはすべて残しておきます。怖くなって削除する心理は理解できますが、削除せずに残して、それを証拠に警察に通報しましょう。

おわりに

17年前、私は借金だらけの貧乏サラリーマンでした。ギャンブルにハマり複数の消費者金融にお金を借りまくり、気付いたらその額600万円以上に膨れ上がっていました。当時の月給20万円足らずの私には、返済したら家賃はもちろん生活費すら残りませんでした。身から出た錆とはいえ、そんな極貧生活が一変したのがアフィリエイトとの出会いです。

アフィリエイトとは、楽天やAmazonなどの商品をネット上で紹介して、それが誰かに購入されるとその紹介報酬が入る口コミのビジネスモデルです。私はこのアフィリエイトを当時副業として死に物狂いで取組み、気がつけば月収300万円にまでなっていました。その後脱サラして自分の会社を作り起業したわけですが、今回の一連のセールステクニックはこのアフィリエイトで培ってきた手法からヒントを得たテクニックが多く詰め込まれています。

具体的には、いきなりセールスするのではなく、あなたの商品やサービスをまだ知らない見込み客まずは集め、役に立つ情報を配信しながら徐々にその商品が欲しいことに気付いてもらい、そこでセールスレターを公開する。そんなテクニックです。私はこれらのセールステクニックを日々実践しつつ、試行錯誤しながら十数年かけてさらに磨きをかけ、より高次元に構築したのが本書で解説したセールステクニックです。

冒頭でもお伝えしましたが、私はこの手法を毎回使って数十億という売上を出してきたのです。そして今では海外に住みながらこの手法を活用しリモートで収益をあげています。

だからあなたもぜひこの手法を実践していただき、あなたの素晴らしいサービスを大勢のお客様にお伝えし、一人でも多くの方を幸せにしてあげてください。それが本書を書いた最大の理由です。本書では主にセールステクニックを解説しましたが、他にも成功法則と題して海外生活の様子や成功するために必要な心得などもＹｏｕＴｕｂｅでアップしています。ご興味あればぜひご覧下さい。

最後に私の著書を毎回プロデュースしてくださっている株式会社ケイズパートナーズの山田さん、いつも本当にありがとうございます。1冊目の著書からのお付き合いで、もうかれこれ14年のお付き合いですがあの時の出版がなければ今の私はいません。本当に感謝しています。ドバイという新天地でも常に行動を意識してこれからもがんばります。

本書があなたの売上アップに少しでも貢献できて、そして一人でも多くの笑顔につながれば幸甚です。

２０２１年11月吉日
望月　高清

著者紹介
望月 高清（もちづき こうせい）
1974年静岡生まれ。ドバイ在住。
2006年サラリーマンから独立し株式会社モッティ設立。以降個人法人3000名を超えるクライアントに集客マーケティングを指導。現在は日本、シンガポール、ドバイを拠点としグローバルに活動中。

『ドシロウトでもつくれる儲かるしくみ』（インデックスコミュニケーションズ）
『はじめての稼ぐホームページ作りのツボ』（秀和システム）
『ネット集客での売上に直結する見込み客リストの集め方・使い方』（ソシム）
『おうちではじめるリモートビジネス入門』（つた書房）他。
YouTube「望月こうせいの成功法則チャンネル」毎日更新中
http://www.youtube.com/user/emotty1

●編集協力：遠藤美華

ヤバい バックエンドセールス
この方法で人は買わずにはいられなくなる!

2021年12月20日　初版第一刷発行

著　者　　望月高清
発行者　　宮下晴樹
発　行　　つた書房株式会社
〒101-0025　東京都千代田区神田佐久間町3-21-5　ヒガシカンダビル3F
TEL. 03（6868）4254
発　売　　株式会社三省堂書店/創英社
〒101-0051　東京都千代田区神田神保町1-1
TEL. 03（3291）2295
印刷／製本　シナノ印刷株式会社

ISBN978-4-905084-50-1